Landhausstile zum Wohlfühlen

Landhausstile zum Wohlfühlen

Axel Venn & Herbert Schmitmeier

DUMONT

Oben: Mediterraner Charme
Unten: Exotisches Flair

Oben: Puristisches Ambiente
Unten: Natürliche Atmosphäre

Inhalt

Oben: Modernes Design
Unten: Skandinavischer Stil

Oben: Der Landhausstil läßt sich mit wenigen einfachen Mitteln umsetzen.
Seite 2: Das mediterrane Landhaus bietet eine verführerische Urlaubsatmosphäre.

Vorwort

Sicher kennen auch Sie diese leichte Urlaubsmelancholie, eine Art Fernweh, verbunden mit dem Wunsch, etwas von der Schönheit und Ruhe des Urlaubs mit nach Hause nehmen zu können. In der Regel verbringen wir die schönsten Wochen im Jahr an Orten, die uns eine höhere Lebensqualität versprechen. Wir wollen der Hektik des Alltags entfliehen und suchen bewußt Oasen der Beschaulichkeit, die Entspannung und Vergnügen bieten. Das Bedürfnis ist klar definiert: Körper, Geist und Seele auftanken, einfach mal ausspannen und sich wohlfühlen.

Die steigenden Anforderungen in Alltag und Beruf, der schnelle Lebensrhythmus in unserer hoch technologischen Welt lassen kaum Zeit und Raum für Erholung, doch der Urlaub ist nur auf eine kurze Zeit im Jahr beschränkt. Um so wichtiger ist es, sich zu Hause ein Refugium zu schaffen, das einen gewissen Erholungswert bietet.

Die verschiedenen Landhausstile, die wir Ihnen hier vorstellen, sind hervorragend geeignet, sich die Urlaubsatmosphäre in die eigenen vier Wände zu holen. Ganz gleich, ob Sie den mediterranen Charme Südfrankreichs, das exotische Flair Nordafrikas oder den vielseitigen Stil Skandinaviens bevorzugen – dieses Buch bietet für jeden Geschmack praktikable Einrichtungsvorschläge. Landhausstil zum Wohlfühlen kann überall umgesetzt werden: in einem Apartment in der City ebenso wie in einem Vorstadt-Reihenhaus oder einem Bungalow auf dem Land.

Einleitung

Landhäuser gibt es überall auf der Welt, je nach Klima und Kultur sind sie unterschiedlich gebaut und eingerichtet. Alle dienten ursprünglich als Wohn- und Arbeitshäuser in einem landwirtschaftlichen Zusammenhang. Heute nutzt man diese Häuser nur noch selten für ihren ursprünglichen Zweck. Meist werden sie umgebaut und den aktuellen Lebensbedingungen angepaßt. Das natürliche Ambiente, das den Reiz der Landhäuser ausmacht, soll erhalten und mit heutigen Ansprüchen an Komfort und Wohnlichkeit verbunden werden.

Ein edler Teppichboden paßt wunderbar in dieses mediterrane Ambiente.

Somit folgt der Landhausstil keiner festgeschriebenen Norm, er ist wandelbar und beschreibt eher eine Lebensart denn einen Stil im herkömmlichen Sinn. Die Sehnsucht nach Ursprünglichkeit, Natürlichkeit und Authentizität als Gegenpol zu einer immer virtueller werdenden Welt hat die Entwicklung des Landhausstils vorangetrieben. Er steht auch für Ruhe und Beständigkeit. Wir können mit diesem Stil ein harmonisches Zuhause schaffen, ohne ständig kurzlebigen Trends hinterherzulaufen. Die Landhaus-Lebensart ist insofern ausgesprochen human; ihr Credo lautet: Der Mensch soll sich zu Hause wohlfühlen.

Verschiedene Stilrichtungen

Obgleich der Landhausstil einer eher einfachen Lebensform entspringt, zeigt er sich in einer beinahe grenzenlosen Vielfalt. Exemplarisch unterscheiden wir hier sechs typische Ausrichtungen, die jeweils einem bestimmten Spektrum von Farben, Formen und Materialien entsprechen. Der mediterrane Landhaus-Look verzaubert mit seiner Farbenpracht, die dem sonnigen Süden, der Provence, der Toskana und Andalusien entspricht. Sonnengelb und warmes Orange sind die dominanten Farben neben Kornblumenblau und zartem Grün. Typisch sind schmiedeeiserne Tische und Stühle, Möbel aus dunklen Hölzern, Korb- und Terrakottawaren.

Wer es schlicht und einfach mag, wird das puristische Ambiente mit seinen sachlichen Formen und reduzierten Gestaltungselementen bevorzugen. Leinen, Wolle, Stein, Glas und Stahl sind hier die Grundmaterialien; Weiß, Creme, Sand und Grautöne bilden die Farbwelt.

Der exotische Stil mit seiner orientalischen Pracht und

Holz ist ein wesentliches Merkmal der Landhauseinrichtung.

reichen Ornamentik ist eine Einrichtungsvariante, die mit gedämpftem Licht und edlen Stoffen eine sehr sinnliche Atmosphäre hervorruft. Tiefe Rot-, Blau- und Violett-Töne setzen einen eleganten Akzent zu goldenen Messinglampen oder silbernen Samowaren.

Das natürliche Ambiente ist der Einrichtungswelt des nordeuropäischen Landhauses am nächsten. Eichenmöbel, bequeme Sitzgarnituren, Zinngefäße, Messingleuchter, Steinguttöpfe: die Materialien sind rustikal, die Farben harmonisch gedämpft in Beige, Ocker, Braun und lichtem Grün.

Merkmale ländlichen Wohnens lassen sich auch mit modernem Design kombinieren. Die Funktionalität und Schlichtheit der Oberflächen verbindet sich wunderbar mit natürlichen und robusten Materialien wie grober Baumwolle, Naturleinen und Wildseide. Diese Stilrichtung mit den eher kühlen Farbtönen eignet sich ausgezeichnet für Räume, in denen man zugleich wohnt und arbeitet.

Der Quilt ist in diesem schlichten Schlafzimmer der Blickfang.

Licht und freundlich ist der skandinavische Stil. Weichholzmöbel, die entweder naturbelassen hell oder in dem typischen klaren Blau, warmen Rot oder Cremeweiß gestrichen sind. Die Räume wirken gemütlich und großzügig zugleich.

Alle diese Varianten entstanden aus dem Bestreben, Ursprüngliches mit Neuem zu verbinden, den Charme der guten alten Zeit heutigen Bedürfnissen anzupassen. Landhausstil heute bedeutet, angelehnt an die regionalen Wohnkulturen eine individuelle Lösung zu finden, um ein Maximum an Wohnqualität zu erreichen.

Die typischen Merkmale

Man braucht kein Wochenendhaus auf dem Land und kein Feriendomizil am Mittelmeer, um im Landhausstil zu leben. Die Behaglichkeit und Atmosphäre ländlicher Wohnkultur läßt sich auch in Stadthäusern und -wohnungen realisieren. Wichtig ist es, bestimmte Materialien einzusetzen und traditionelle Dekorationstechniken anzuwenden. Mit wenigen Accessoires, die stil- und stimmungsvoll ausgewählt sind, und den entsprechenden Farben, auf die wir im folgenden Kapitel genauer eingehen werden, läßt sich der Landhausstil überall verwirklichen.

Gehen Sie dabei mit Leichtigkeit vor, und lassen Sie Raum für ihre ganz persönlichen Vorlieben. Der Landhausstil bietet viele Möglichkeiten für jeden Geschmack. Sicherlich werden Sie sich in einer der vorgestellten Stilwelten wiederfinden und können dann nützliche Tips für die Gestaltung ihrer eigenen Wohnung umsetzen. Wohnlichkeit, Komfort und Behaglichkeit stehen an erster Stelle bei den Überlegungen, wie Sie Ihr Zuhause einrichten. Die einzelnen Elemente sollten sich harmonisch ergänzen, so daß Sie sich rundum wohlfühlen.

Einige übergreifende Merkmale finden sich in allen Facetten des Landhausstils. So sind Wände und Fassaden entweder in traditionellen Techniken bemalt oder aber mit Tapeten und Bordüren akzentreich dekoriert. Fensterrahmen und -läden bekennen Farbe und stellen häufig einen Blickfang dar. Im Innenraum wird mit Stoffen nicht gegeizt. Man kann in Baumwolle und Leinen, Seide, luftigen Voiles, Stickereien und Spitzen schwelgen. Von Fensterdekorationen über Polsterstoffe, Decken und Kissenbezüge bis hin zu Bett- und Tischwäsche gibt es die unterschiedlichsten Gewebe, die sich je nach Ausrichtung des Stils in Material, Muster und Farbe voneinander unterscheiden.

Holz, Teppichböden und Brücken sowie Terrakotta-, Stein- oder Keramikfliesen zieren den Boden. Muster, ob als Fliesenmosaik oder Holzintarsien, geknüpft oder gewebt, verleihen den Räumen ein besonderes Flair. Holz ist der Stoff, aus dem die Möbel sind. Alt und neu, hell und dunkel, verziert mit Schmiedearbeiten, Korbgeflecht, Glas- oder Stahlelementen. Auch hier sind der Phantasie keine Grenzen gesetzt. Entdecken Sie die Kombinationsmöglichkeiten, in ihnen liegt oft das Geheimnis eines gelungenen Ambientes.

Die Kombinaion von Teppichboden und Steinfliesen unterteilt den Raum optisch wie haptisch.

Nicht zuletzt sind es die Accessoires wie Vasen, Körbe, Krüge, Bilder, Karaffen und Pflanzen, die den Räumen einen persönlichen Charakter verleihen. Sie sind das I-Tüpfelchen und die Seele des Landhausstils zugleich.

Bequeme Polstermöbel und textile Accessoires schaffen Wohnkomfort und Gemütlichkeit.

Komfort und Wohnen

Die Kleidung wird häufig als unsere „zweite Haut“ bezeichnet. Analog dazu gilt die Wohnung als unsere „dritte Haut“. Bedenkt man, wie penibel wir bei der Auswahl unserer Bekleidung vorgehen, wie genau wir uns über Material, Trage- und Pflegeeigenschaften informieren, ist die Sorgfalt beim Gestalten unserer Wohnräume vergleichsweise gering. Und das, obwohl wir uns über die Hälfte unseres Lebens in den eigenen vier Wänden aufhalten.

Gerade in unserer schnellebigen Zeit brauchen wir die Wohnung als persönliches Lebensumfeld, als den Ort, an dem wir Ruhe und Energie tanken können. Hier erlangen wir unser inneres Gleichgewicht wieder, um den Anforderungen des Alltags gerecht werden zu können.

Auf eine unausgewogene Wohnatmosphäre, die nicht unseren Bedürfnissen entspricht, reagiert der Körper ebenso gereizt wie auf ein kratziges, schlecht sitzendes Kleidungsstück. Die Auswirkungen unzureichend beziehungsweise falsch konzipierter Räume sind systematisch bisher nur für Arbeitsplätze erforscht worden. Dort wurden unterschiedliche Folgeerscheinungen festgestellt. Sie reichen vom bloßen Unwohlsein über Kopfschmerzen bis hin zu Konzentrations- und Schlafstörungen. Fachleute sprechen in diesem Zusammenhang vom „Sick-Building-Syndrom“. Daß dieses Thema immer mehr an öffentlichem Interesse gewinnt, bezeugt unter anderem der derzeitige Feng-Shui-Boom. Viele Menschen haben erkannt, daß Wohnraumgestaltung und Innenarchitektur nicht nur etwas mit Repräsentation zu tun haben, sondern Gesundheit und Wohlbefinden nachhaltig beeinflussen können.

In diesem Buch zeigen wir, wie Sie Ihren privaten Lebensbereich mit einfachen Mitteln so gestalten können, daß Sie sich in Ihrer „dritten Haut“ rundum wohlfühlen, allein ebenso wie im Kreis Ihrer Familie und Freunde.

Eine wesentliche Bedeutung hat dabei der Faktor Komfort. So wie bei Kleidung der Tragekomfort hat auch der Wohnkomfort eine positive Wirkung. Ein gemütliches Ambiente ist Balsam für unsere Sinne und fördert das psychische Gleichgewicht; vom Komfort hängt unser phy-

Lavendel bringt Farbe und Duft in die Wohnung.

sisches Wohlbefinden ab. So trägt ein körpergerechter Sessel wesentlich zur möglichen Entspannung bei. Doch Komfort umfaßt noch mehr als ergonomisches Design.

Wohnkomfort definiert sich über unsere Sinnesorgane. Das Gehör ist im Alltag zumeist unfreiwillig einem enormen Geräuschpegel ausgesetzt, den wir nicht selten als Lärm wahrnehmen. Im Kaufhaus, beim Friseur, im Restaurant, auf dem Bahnhof, überall werden wir mit Musik berieselt oder mit Lautsprecheransagen traktiert. Draußen sind wir oft Verkehrsgeräuschen ausgesetzt, egal ob Auto, Flugzeug oder U-Bahn, laut ist es allemal. Im Büro zum Beispiel sind es Telefon, Fax und Computer, in der Werkstatt Maschinen. Es gibt kaum noch Orte, an denen unser Gehör nicht strapaziert wird.

Umso wichtiger ist es, sich zu Hause nicht auch noch unnötiger Lärmbelästigung auszusetzen. Schalldämmend und erholsam wirken Fensterdekorationen aus Stoff, Sitzkissen und Polstermöbel, Decken und nicht zuletzt ein textiler Bodenbelag. Überlegen Sie, in welchen Räumen Sie sich besonders häufig und wo Sie sich zum Relaxen aufhalten. Hier sollten Sie unbedingt mit textilem Material arbeiten.

Im Garten, auf der Terrasse oder dem Balkon sorgen Pflanzen wie Bambus und Schilf für angenehme akustische Eindrücke. Wenn Sie die Möglichkeit haben, legen Sie einen kleinen Teich oder Brunnen an. Das sanfte Plätschern fließenden Wassers wirkt äußerst beruhigend.

Daß unsere Nase auch unser Empfinden beeinflußt, ist hinreichend bekannt. Nicht umsonst wird bestimmten

Gräser, die sich im Wind bewegen, sorgen für eine angenehme Geräuschkulisse.

Die Dekostoffe sind perfekt aufeinander abgestimmt.

Düften eine verführerische Wirkung zugeschrieben, andere rufen das schiere Entsetzen hervor. Düfte wirken im Positiven wie im Negativen direkt auf den gesamten Körper und werden zum Beispiel in Aromatherapien auch bewußt zu diesem Zweck eingesetzt. Deshalb sollte man in der Wohnung jeden unangenehmen Geruch vermeiden. Wenn Sie hingegen Ihrem Zuhause eine angenehme Duftnote verleihen möchten, so wählen Sie möglichst natürliche Stoffe und verzichten Sie auf synthetische Raumsprays. Blumen und getrocknete Kräuter eignen sich ebenso wie Duftöle und -kerzen. In guten Einrichtungsgeschäften oder Parfümerien gibt es Blumen- und Kräutergebinde, sogenannte Potpourris.

Auch der haptischen Wahrnehmung sollte man Aufmerksamkeit widmen. Kratzige Decken und Polsterstoffe beeinträchtigen das Wohlbefinden ebenso wie zu kalte Fußböden. Auch Eßtische mit Glasplatten sind nicht jedermanns Sache, stützt man den Unterarm auf, so spürt man eine eher unangenehme Kälte. Überall dort, wo wir direkten Kontakt mit Oberflächen haben, sollten wir auf textile beziehungsweise natürliche Materialien zurückgreifen, die atmungsaktiv sein sollten. Diese Stoffe fühlen sich nicht nur gut an, sie stimulieren durch ihre lebendige Oberfläche die Sinne.

Das Auge ißt nicht nur mit, es wohnt auch mit. Visuelle Eindrücke sind ein ganz entscheidender Faktor. Mit der richtigen Mischung aus Licht, Farbe und Form können Sie den Wohnkomfort erheblich steigern. Jeder kennt das unangenehme, beklemmende Gefühl in zu dunklen, schlecht ausgeleuchteten Räumen zu sitzen. Aber auch gleißendes Licht, das ungebrochen in die Räume fällt und womöglich blendet, beeinträchtigt das Ambiente. Nehmen Sie sich die Natur zum Vorbild, und versuchen Sie mit Licht und Schatten zu spielen. Auch Farben und Muster sollten sorgfältig ausgewählt werden. Hier gilt: Überfrachten Sie die Räume nicht; zu große Dessins treten zu stark in den Vordergrund. Wählen Sie lieber auch mal einen einfarbigen Stoff oder Teppichboden aus. Auf die Wirkung und Zusammenstellung von Farben gehen wir im nächsten Kapitel ausführlich ein.

Ein Sofa sollte zum Entspannen einladen.

Holz, Blautöne und helle Farben bestimmen den skandinavischen Stil.

Farbe und ihre Wirkung

Das Auge ist eines unserer wichtigsten Sinnesorgane, und die Farben unserer Umgebung haben großen Einfluß auf unser Wohlbefinden. Farbe entsteht durch die Brechung des Lichts an einer Oberfläche. Jede Farbe schwingt in einer anderen Frequenz und wirkt schon deshalb auf unseren Körper. Aber das ist nicht alles. Mit den drei Begriffen Assoziation, Raumwirkung und Sozialfunktion kann man sich dem Phänomen der Farbwirkung nähern.

Die verschiedenen Farben wecken unterschiedliche Vorstellungen. Viele dieser Assoziationen entstehen durch die Bilder, die die Natur uns liefert. Rot ist warm und dynamisch. Wir denken an Feuer, das wir wiederum mit Leidenschaft, aber auch mit Gefahr verbinden. Innerhalb eines Raumes erzeugen Rottöne ein Gefühl von Wärme und Nähe, sie lassen den Raum kleiner wirken. Jede Farbe hat eine solche Raumwirkung, die man bei der Einrichtung nutzen kann. Rot ist eine Signalfarbe, die anregt oder sogar aufreizt. In gesellschaftlichen Räumen wird sie hauptsächlich in Bars, Diskotheken und natürlich im Freudenhaus verwendet. Die Sozialfunktion hat hier eine eindeutig sinnliche Komponente. Zurückhaltend eingesetzt unterstützt Rot die Bereitschaft zur Kommunikation, die Überwindung von Schwellenängsten und verleiht einem Raum Gemütlichkeit und Wärme.

Die Assoziationen zu den einzelnen Farben können sich im Laufe der Zeit verschieben. Denn nicht nur die Natur dient als Folie für unsere Vorstellungswelten, die sich verändernden gesellschaftlichen Verhältnisse spiegeln sich darin ebenso wider. So steht Schwarz keineswegs nur für Alter, Trauer und gediegene Eleganz. Schwarz war bereits in den 60er Jahren auch die Farbe der jungen Leute und ist es bis heute geblieben.

Eine Aufschlüsselung der Farbwirkung in die drei oben genannten Bereiche kann man für alle wichtigen Einrichtungsfarben vornehmen. Ein solcher Überblick zeigt, wo und wie man die jeweiligen Farben am sinnvollsten einsetzt. Sich der Wirkung von Farbe bewußt zu sein heißt, das Wohlbefinden in den eigenen vier Wänden zu steigern.

Die gelblich-orangen Töne schaffen eine warme, südliche Atmosphäre.

Farbe	Assoziation	Raumwirkung	Sozialfunktion
Beige	Leinen, Lehm, Kleber, Packpapier, altdeutsch	nah, indifferent, verbindet warme Farben	wirkt angenehm, neutralisierend
Blau-Violett	Kosmos, Sehnsucht, Ruhe, Unendlichkeit, teuer	erzeugt Tiefe, begrenzt den Raum	erzeugt intellektuelles Klima, fördert Distanz und Reflexion
Braun	Realität, Holz, Bodenständigkeit, erdig, behäbig, gesund, kraftvoll	schafft Nähe, solide, hart, gemütlich, gründlich	macht passiv, wirkt nicht anspruchsvoll
Gelb	Licht, Sonne, Freude, Segen, Überfluß, Glorie, Heiterkeit	lichtvoll, überstrahlend, weich, öffnet und beruhigt	wirkt positiv und gesprächsfördernd, sprühend, fördert Freundschaften, vermittelt gute Laune
Grau	Unentschiedenheit, zurückhaltende Eleganz, Trübung, Sachlichkeit, Nebel, klanglos	verbindet Farben, schafft Hintergründe und mildert Kontraste, langweilig bis chic, neutral	fördert sachliche Auseinandersetzung und Realitätssinn
Grün	Natur, Frühling, Leben, jung, gesund, wachsen	beruhigend, fast langweilig, indifferent	wenig aktiv, eher beruhigend, harmonisierend, Vertrauen bildend
Himmelblau	Meer, Frische, Lockerheit, funktional, zukunftsweisend	kühl, heiter, weitet den Raum	wirkt sachlich, isolierend, neutralisierend
Indigo	Mystik, Untergang, Bedrückung, betäubend, feierlich, kostbar, melancholisch	ambivalent, zwischen Nähe und Distanz, irritierend	verzaubernd, schafft feminine bis elegante Atmosphäre, verleitet zum Nachsinnen
Rot-Orange	Wärme, Liebe, Leidenschaft, Repräsentation, Lebenskraft	erzeugt Nähe, begrenzt den Raum, vermittelt Wärme, steht im Vordergrund	wirkt anregend bis aufregend, fördert Gesprächigkeit und menschliche Wärme
Schwarz	Dunkelheit, Trauer, Tod, Finsternis, Würde, Hoheit, Einsamkeit, Eleganz	schwer, erdrückend, sehr nah	schafft Distanz, wirkt zurückhaltend und unbehaglich
Türkis	Wasser, Teich, Frische, Untiefe, Eis	eher kühl, zurückweichend, berührungsfeindlich	macht nachdenklich, wirkt isolierend und unnahbar
Weiß	Schnee, Unschuld, Reinheit, Sauberkeit, Transzendenz	betont Einfachheit und absolute Sachlichkeit, Helligkeit ausstrahlend, endlos, kühl	erzeugt Stille und Kontaktarmut, wirkt freudlos

Gestalten mit Licht

Bei strahlendem Sonnenschein fühlen sich die meisten Menschen glücklicher als bei einem düsteren wolkenverhangenen Himmel. Das Licht beeinflußt unsere Stimmungen nachhaltig. Denn das natürliche Sonnenlicht setzt im menschlichen Gehirn Endorphine frei, und diese sogenannten Glückshormone sorgen für gute Stimmung, Energie und Schwung. Am angenehmsten empfinden wir jedoch nicht das direkte Licht, sondern das gebrochene. In der Natur entstehen die schönsten Stimmungen, wenn Licht und Schatten miteinander spielen. So ruft zum Beispiel die durch die Blätter einer Birke scheinende Sonne fröhliche Lichteffekte hervor. Auch Mondscheinnächte mit ihren langen Schatten können uns in eine positive, romantische Stimmung versetzen.

Gleißendes Licht und völlige Dunkelheit lösen dagegen eher unangenehme Gefühle aus. Wir sind geblendet oder fühlen uns unsicher. Deshalb gilt auch für die Wohnung: Spielen Sie mit Lichteffekten, gestalten Sie die Beleuchtung lebendig und abwechslungsreich. Nutzen Sie das Tageslicht ebenso wie die Möglichkeiten der künstlichen Beleuchtung.

Die ersten Überlegungen gelten den vorhandenen Lichtverhältnissen. Stellen Sie fest, in welcher Himmelsrichtung sich welche Räume befinden. Vielleicht ist es möglich, die Schlafräume nach Osten auszurichten, dann

Lichtreflexe wirken angenehm belebend.

werden Sie morgens von der Sonne geweckt. Die Wohnräume liegen oft nach Süden. Für Berufstätige ist es aber auch schön, wenn das Wohnzimmer vom warmen Abendlicht erfüllt wird, das entspannt nach einem anstrengenden Arbeitstag.

Die Fenster eines Künstlerateliers sollten immer in Richtung Norden weisen, denn da herrscht in unseren Breiten das günstigste, mildeste und konstanteste Licht. Die Bedingungen, insbesondere beim Arbeiten mit Farbe, sollten nach Möglichkeit stets gleich sein. Wechselnder Lichteinfall verändert Farben und Oberflächen. Was den Künstler bei der Arbeit stört, schafft in einem Wohnraum Atmosphäre.

Oberste Priorität bei der Gestaltung mit Licht ist Blendfreiheit. Von der Sonne oder einer Steh-, Hänge-, oder Deckenleuchte geblendet zu werden, ist sehr unangenehm. Deswegen sollten Sie einerseits darauf achten, daß die Fenster Ihrer Wohnung oder Ihres Hauses mit Sonnenschutzvorrichtungen ausgestattet sind, die zugleich blik- kdicht und wo nötig verdunklungsfähig sind. Andererseits ist eine durchdachte Planung der künstlichen Beleuchtung empfehlenswert.

In den meisten Räumen hat der Elektriker einen einzigen Anschluß in der Mitte der Zimmerdecke vorgesehen; diese Installation ist auf keinen Fall ausreichend. Mehrere unterschiedliche Lichtquellen sind in jedem Fall einer einzelnen Deckenleuchte vorzuziehen. Das Ambiente eines Raumes entfaltet sich immer dann, wenn er differenziert beleuchtet wird. Wo Gespräche stattfinden, wo gegessen und getrunken oder gelesen wird, benötigen wir konzentriertes Licht. In den übrigen Teilen des Raumes sollten die Lichtquellen gedämpft sein. Das Spiel von hell und dunkel gibt Räumen Struktur und Tiefe; allzu starkes Licht nivelliert die Silhouetten des Mobiliars und der Accessoires, sie wirken dann flach und langweilig.

Im Wohnbereich ziehen wir das normale Glühlampenlicht den meisten anderen Beleuchtungsarten vor, da es

Zwei niedrig stehende Lichtquellen rechts und links vom Sofa sind einer einzelnen Deckenleuchte vorzuziehen.

warmtonig und leicht gelb-orange ist. Stehlampen haben oft beige, gelbliche oder orange-rote Schirme. Sie dienen dazu, dem Schein des Lichts noch mehr Freundlichkeit und Gemütlichkeit zu verleihen.

Haben Sie hohe Räume, die Sie zu bestimmten Anlässen in einer hellen festlichen Atmosphäre erstrahlen lassen möchten, dann ist ein schöner Kristall-Lüster die richtige Wahl. Er verbreitet ein großartiges luxuriös anmutendes Raumlicht, das durch die Kristalle in hunderten von Facetten gebrochen wird.

Möchten Sie hohe Räume gemütlicher erscheinen lassen, plazieren Sie niedrig stehende Lichtquellen – so holen Sie die Decken optisch herunter. Je größer ein Raum ist, desto wichtiger ist es, unterschiedlich positionierte Lichtquellen mit verschiedenen Lichtstärken zu installieren. Der optischen Einheitlichkeit zuliebe und zur Vermeidung von Metamerien (unterschiedliche Farbwiedergabe-Eigenschaften) ist anzuraten, in Räumen nur jeweils einen Lichtquellen-Typ zu verwenden.

Oft wirkt es sehr gut, Steh- und Tischlampen als Paare einzusetzen. Links und rechts des Sofas erzeugen sie eine angenehme Symmetrie. Auch zwei Lampen auf einem längeren Sideboard machen sich besser als eine einzelne. Dekorieren Sie zum Beispiel eine Kommode oder den Beistelltisch mit brennenden Kerzen, so schaffen Sie zusammen mit dem Licht Ihrer Lampen ein Ambiente voller Ruhe, Wärme und Romantik.

Flackerndes Kerzenlicht schafft eine romantische Atmosphäre.

Nicht nur in den Wintermonaten mögen wir das anheimelnde Kerzenlicht und das Flackern brennender Holzscheite im Kamin. Die Silhouetten des Mobiliars, der Fensternischen und die Konturen von Sesseln und Tischen sind dann weich und warmtonig gezeichnet, und beim geringsten Flackern scheint es uns, als bewegten sich die Umrisse und Flächen leicht. Licht und Schatten schaffen Stimmung und Behaglichkeit.

Die Wischtechnik und der warme Farbton verleihen dem Raum Tiefe.

Praktische Wohnideen

Ländliche Einrichtungsgegenstände waren ursprünglich handgefertigt und wurden über Generationen vererbt, ergänzt, aufgearbeitet und gelegentlich ausgetauscht. Der Landhausstil ist zeitlich nicht festgelegt. Wer sich so einrichten möchte, hat größte Freiheit und ist nicht an eine klassische Stilepoche gebunden.

Oft reichen schon kleine Handgriffe – ein wenig Farbe, ein paar dekorative Accessoires, ein bestimmtes Möbelstück – um Landhaus-Charme in Ihre Wohnung zu zaubern. Hier finden Sie einige Anregungen, wie Sie den Landhaus-Look mit wenig Aufwand umsetzen können. Der Kreativität sind keine Grenzen gesetzt, Ihr individueller Geschmack ist Voraussetzung dafür, daß Sie sich hinterher auch wohlfühlen.

Wände und Fenster

Auch bei den Wänden gilt es, einen möglichst natürlichen Effekt zu erzielen. Ursprünglich waren die Mauern der meisten Landhäuser grob verputzt und wurden dann nur noch geweißt. Auch heute kann man den Untergrund mit einer ungleichmäßig aufgespachtelten Gipsschicht so vorbereiten, daß er wie grob verputzt wirkt.

Rein weiße Wände, die in der Regel kalt wirken, finden wir hauptsächlich in sehr heißen Gegenden, wo auch die Fensteröffnungen alter Landhäuser relativ klein sind. Haben Sie Mut zu Farbe, es muß ja nicht gleich der ganze Raum sein. Eine Wand in einem abgetönten Farbton passend zur Einrichtung schafft Wärme und Gemütlichkeit.

Will man den Landhaus-Charakter betonen, ist es wichtig, die Wandfarbe mit groben Pinselstrichen und locker aufgetragenen Schichten zu verarbeiten. Gerne wird die Wischtechnik angewandt, die jeder gute Maler beherrscht, die man aber auch selbst schnell erlernen kann. Sie gibt dem Raum wohltuende Tiefe.

Türen und Fenster können ebenfalls mit Farbe akzentuiert werden. Sind zwei Räume mit einem türlosen Durchgang verbunden, ist es optisch reizvoll, ihn auf jeder Seite mit Farbe einzurahmen. Bordüren, mit Schablonen selbst aufgemalt oder als Tapeten aufgeklebt, schaffen in Küche oder Bad ausgesprochen hübsche Effekte.

Bringen Sie Bilder stets auf Augenhöhe an. Zu hoch oder zu niedrig befestigte Bilder, insbesondere wenn sie solitär hängen, beeinträchtigen die Raumdimension. Nehmen Sie beim Bilderaufhängen vorhandene Linien auf. Bei einer Bilderwand sollten die unterschiedlichen Formate auf einer Bildoberkante oder besser noch einer Bildunterkante hängen. So vermeiden Sie irritierende Unruhe an der Wand.

Mit der Dekoration Ihrer Fenster können Sie gute Effekte erzielen. Fachhandel und Raumausstatter bieten ein breites Sortiment an Vorhanggarnituren. Je nach Stil können Sie mit leichten, duftigen Stoffen oder mit schweren Textilien den Lichteinfall regulieren und Blickfänge schaffen. In sachlich gehaltenen Räumen bieten sich Rollos oder Lamellen an. Aber auch das schlichte Fenster, das ohne Textilien auskommt, kann mit Blütenarrangements betont werden.

Der Bodenbelag

Auch hier gilt: Lassen Sie Ihrer Phantasie freien Lauf. Der Boden trägt den Raum optisch. Deshalb sollten Sie ihm besondere Aufmerksamkeit widmen. Schrecken Sie nicht vor ausgefallenen Ideen zurück. Der versierte Fachmann kann Sie beraten und Sonderwünsche bei der Verlegung des Bodens Ihrer Wahl berücksichtigen.

Es muß nicht in jedem Raum der gleiche Boden liegen. Eine Checkliste erleichtert die Auswahl des richtigen Belags. Folgende Fragen sollte diese Liste berücksichtigen:

– Haben Sie eine Fußbodenheizung? Nicht alle Beläge sind für solche Räume geeignet.
– Wie stark wird der Raum frequentiert? Es ist ein Unterschied, ob Sie einen Belag für die Küche oder fürs Schlafzimmer suchen.
– Leben in Ihrem Haushalt Kleinkinder oder Haustiere? Hier sind besondere Pflegeeigenschaften gefragt.
– Wohnen Sie ebenerdig oder auf mehreren Stockwerken? Das ist wichtig, falls Stufen mit einem Bodenbelag versehen werden sollen. Wenn Sie einen direkten Zugang nach draußen haben, sollten Sie berücksichtigen, daß die Anschmutzung in diesen Bereichen recht hoch ist.

Bordüren grenzen den Raum auf sehr dekorative Weise nach oben ab.

Klassischerweise findet man im Landhaus Holz-, Terrakotta- und Steinböden. Um dem Raum Wärme und Gemütlichkeit zu verleihen, wird auf Brücken und Läufer zurückgegriffen, aber immer öfter auch auf Teppichböden. Sie haben einige Vorteile: Sie sind schalldämmend und wohltuend für Gelenke und Muskulatur, und bei modernen Belägen ist die Pflege in der Regel kein Problem mehr.

Bei der Verlegung können Sie mit Intarsien oder Bordüren sehr hübsche Effekte erzielen. Ein Teppich im Teppich oder ein Fries schaffen interessante Perspektiven und gliedern den Raum. Sehr große Räume können Sie durch diagonale oder wellenlinienartige Verlegung optisch gliedern. Die Kombination unterschiedlicher Materialien kann sehr praktisch sein, wie zum Beispiel in einer Wohnküche; aber auch visuell ist der Materialmix äußerst interessant. Fragen Sie Ihren Bodenleger, schildern Sie ihm Ihre Vorstellungen. Sie werden erstaunt sein, wie kreativ Bodengestaltung ist.

Teppichböden schaffen Behaglichkeit.

Accessoires

Mit Accessoires können Sie wahre Gestaltungswunder vollbringen. Sie bringen Leben und persönliches Flair in die Räume und können je nach Jahreszeit oder Anlaß ausgetauscht werden.

Nutzen Sie eine Einladung zum Osterfrühstück oder zur Sommerparty, um sich kleine Arrangements auszudenken. Nehmen Sie sich die Natur zum Vorbild und holen Sie die Jahreszeiten ins Haus. Im Frühling mit frischen Tulpen und Obstzweigen in bunten Vasen, im Sommer mit reifem Obst in geflochtenen Körben und frischem Lavendel in Steingutkrügen. Im Herbst können Sie mit Laub und Kastanienarrangements die Fensterbänke verzieren, und im Winter helfen getrocknete Blumen und Kräuter über die kahlen Tage hinweg. Dazu ein Lichtermeer aus farblich passenden Kerzen und kleine Tiegelchen mit dezenten Duftölen, und Ihre Wohnung verwandelt sich in einen Ort der Inspiration und Entspannung.

Körbe, Ton- oder Zinnkrüge, Glas in allen Variationen, Holzkistchen, Porzellanschalen, Messingtöpfe oder alte Blechkübel bieten eine Vielfalt an gestalterischen Möglichkeiten. Farbige Bastkörbe im Eingangsbereich nehmen

Eine klare Linie durch ausgesuchte Accessoires und akzentuierte Farbkontraste.

Die Bilderwand verleiht dieser Ecke eine sehr persönliche Note.

Schuhe, Schals oder Handschuhe auf und sorgen gleich beim Betreten der Wohnung optisch für Behaglichkeit. Alte Erbstücke oder Raritäten vom Flohmarkt lassen sich hervorragend in Szene setzen. Wenn Sie es gern verspielt mögen, verhelfen Sie Ihrem liebsten Stück auf einer richtigen kleinen Bühne zu einem Auftritt. Wer klare Linien bevorzugt, stellt einen einzigen Silberleuchter auf eine einfache Holzanrichte oder eine Vase mit einer weißen Calla auf einen Beistelltisch – ein minimalistisches „Kunstobjekt" im Raum. Dekorative Accessoires werten einzelne Möbelstücke auf. Erlaubt ist, was gefällt. Nutzen Sie Ihre Kreativität, und inszenieren Sie Ihren Lebensraum.

Im Folgenden stellen wir Ihnen sechs Landhausstile vor. Jedem dieser Stile wird eine ausgesuchte Farbpalette zugeordnet. Außerdem benennen wir die jeweils entscheidenden Materialien, Muster und Formen. So erhalten Sie praktikable Vorschläge, die Ihnen eine zielsichere Auswahl der für Ihren individuellen Geschmack richtigen Einrichtungselemente ermöglicht.

Mediterraner Charme

Luftig, von einer sanften Brise des sommerlichen Scirocco bewegt, wehen die halb durchsichtigen, bodenlangen Vorhänge in den offenen Terrassentüren. Es ist Mittag, die Atmosphäre ist behaglich, ein wenig träge.

Draußen fällt der Blick auf die hügelige, von Pinien und Korkeichen durchsetzte Landschaft. In den Gärten blühen Oleander und Lavendel, der Duft von Rosmarin und Thymian liegt in der Luft, und in der Ferne flirrt das Licht auf der glänzenden Oberfläche des Mittelmeeres. Wie ein Rauschen begleitet das Zirpen der Grillen den Flug unendlich vieler Schmetterlinge. Der strahlend blaue Himmel verliert sich am Horizont in den dunstigen Weiten des azurfarbenen Meeres. Dies ist die Stimmung der südfranzösischen Landschaft, die viele Künstler angezogen hat. Berühmte Maler wie Vincent van Gogh und Henri Matisse waren tief beeindruckt vom mediterranen Licht- und Farbenspiel und haben uns großartige Zeugnisse ihrer Impressionen hinterlassen.

Mediterranen Charme finden wir aber auch in Italien, vor allem in den Weinbaugebieten der Regionen Mittelitaliens wie der Toskana und Umbrien. Ihre tonhaltige Erde ist Grundstoff für die Terrakottaböden und -gefäße, die aus dem mediterranen Wohnambiente nicht mehr wegzudenken sind. Die warmen erdigen Farbtöne vom gelblichen Ocker bis zum dunklen Rot sind alle der Natur entlehnt.

Oben: Terrakottafarbene Fassaden und terrassierte Gärten – dieses Anwesen ist ein Inbegriff toskanischer Wohnkultur.
Seite 26–27: Gelb ist die Farbe, die den Charme des Mittelmeerraums ausmacht. Der elegante Marmorkamin lädt zum Verweilen ein.

Das leicht bläuliche Grün erinnert an die Farbe von Thymian, das Graublau an Lavendelblüten. Typisch für das italienische Landhaus ist die durchscheinende Farbe auf den grob verputzten Wänden, die nicht selten abblättert und unter der oberen Farbschicht weitere Schichten zum Vorschein kommen läßt.

Das dritte Land am Mittelmeer, das den mediterranen Landhausstil beeinflußt, ist Spanien. Das Ambiente spanischer Interieurs wirkt etwas düsterer und gedämpfter als das italienischer oder südfranzösischer Inneneinrichtungen mit ihrer lichten Heiterkeit. Arabische Einflüsse prägen die Vorliebe für schwere Stoffe mit geometrischen Mustern; Vorhänge und Kissen sorgen für eine Behaglichkeit, die sich manchmal schon dem exotischen Einrichtungsstil nähert. Das Holz ist sehr dunkel, manchmal fast schwarz gebeizt, doppelflügelige Türen wirken repräsentativ, und die geschlossenen Fensterläden halten die Hitze und die Blicke Fremder fern.

Den Kontrast dazu bildet ein klares Weiß, daß sich außen wie innen strahlend vom tiefblauen Himmel oder in

Grob verputzte Wände, schmiedeeiserne Gestelle, Kissen und Decken in den typischen Farben sind klassische Merkmale dieses Stils.

eben dieser Farbe gestrichenen Holzmöbeln abhebt und den strengeren Elementen die nötige Leichtigkeit gibt.

Der gesamte mediterrane Raum spielt eine große Rolle bei zeitgenössischen Einrichtungstrends. Seit Menschen reisen, nehmen sie die Gewohnheiten der Gastländer zur Kenntnis, lassen sich von ihren Speisen und Getränken, ihrer Architektur, ihren Lebens- und Einrichtungsgewohnheiten anregen. Die Sehnsucht nach Wärme, Sonne und Licht begleitet gerade uns Nordeuropäer das Jahr über. Ob in Deutschland, England oder Dänemark lebend nehmen wir uns südliche Wohnkultur zum Vorbild und übertragen Sie auf unsere Gegebenheiten. Auf diese Weise kann man ein Stückchen Urlaub in die eigenen vier Wände holen.

Mittlerweile hat sich das Mediterrane zu einem eigenständigen Landhausstil entwickelt – mit vielen individuellen Ausprägungen. Die Interieurs sind überwiegend licht und sonnig. Pastellfarben und erdige Farbtöne bestimmen das Bild und schaffen ein attraktives Spannungsverhältnis zu den kräftigen Blau-, Gelb- oder Grüntönen lackierter Stühle, bunter Tischdecken und

Auch in einen nordeuropäischen Garten kann man südliches Flair zaubern. Blauweiße Tischwäsche und Terrakottatöpfe sind geeignete Accessoires.

Kissen. In solchen Räumen schwingt immer etwas von der südlichen Leichtigkeit des Seins mit. Mediterrane Wohnungen nehmen Bewohner wie Gäste für sich ein, das stimulierende Temperament der Farben und des Lichts überträgt sich sofort. Sie strahlen Lebensfreude aus und laden zur Entspannung ein, hier kann man durchatmen und auftanken. Die Farben animieren zu Gesprächen und Offenheit, denn dies ist keine Welt der Trübsal, des Rückzugs oder der stillen Besinnlichkeit. Dieser Wohnstil ist besonders gastfreundlich und einladend. Wer offen ist für südliche Gepflogenheiten, muß diesen lebensbejahenden Stil lieben.

Ein solches Ambiente läßt sich keineswegs nur in einer südfranzösischen Villa umsetzen, auch für kleinere Wohnungen ist dieser Stil hervorragend geeignet. Die hellen, freundlichen und weichen Farben, die Unkonventionalität der zumeist kleineren Unikat-Möbel machen sich auch in kleinen Wohnungen ausnehmend gut. Mediterrane Lebensfreude hat überall Platz. Gehen Sie spielerisch und phantasievoll, mit viel Experimentierfreude an die Sache heran, und Sie werden sehen, daß es gar nicht schwierig ist.

Ein entscheidendes Moment für die Innenraumgestaltung im Landhausstil ist der Anstrich der Wände. Im traditionellen Landhaus wurden je nach regionalen Gepflogenheiten unterschiedliche Naturfarben verwendet, die zumeist auf die rohen Wände beziehungsweise den Putz aufgetragen wurden. Diese Anstriche, ganz gleich ob es sich

Offene Küchenschränke gibt es in fast allen Landhaus-Wohnwelten.

Die Dekoration macht es: frisches Gemüse appetitlich angerichtet.
Seite 32 und 33: Blau und Weiß als Kontrastfarben finden wir in Spanien und Griechenland.

um Leim-, Kalk- oder Temperafarben handelte, waren nie gleichmäßig und verloren mit der Zeit auch an Intensität. Genau das macht den Charme mediterraner Räume aus, sie sind nicht glatt und gleichmäßig gestrichen oder gar tapeziert. Heute erzielen wir diesen Effekt durch eine spezielle Wischtechnik, bei der mehrere dünne Farbschichten übereinander aufgetragen und verarbeitet werden. Man kann diese Technik entweder selbst anwenden – es gibt viele Ratgeber, die genau erklären wie man vorgehen muß – oder aber einen Fachmann hinzuziehen. Jeder gute Malermeister bietet heutzutage diese alten Maltechniken an. Dazu zählen auch Marmorieren, Stupf- und Tupf-Techniken und das Aufbringen von Bordüren. Inzwischen gibt es diese Musterbänder auch als Tapetenstücke zum Verkleben, schöner ist aber sicherlich die mit Hilfe von Schablonen gemalte Variante.

Landhaus-Wohnwelten haben eine große Affinität zur Handwerkskunst. Die Fußböden sind in der Regel nach bester alter Technik von hoher handwerklicher Qualität verlegt. Im heißen Süden Spaniens wird viel mit Steinböden und Naturfliesen gearbeitet, weiter im Norden wählt man gern Terrakotta-Fliesen, die nicht ganz so kalt sind. In unseren Breiten kann man, will man nicht Holzdielen oder Parkett verlegen, auch sehr gut auf Teppichboden zurükkgreifen. So kann man den warmen Terrakotta-Farbton in die Wohnung holen, ohne auf die Behaglichkeit eines textilen Belags zu verzichten.

Fenster mit langen, auf den Boden aufstoßenden Vorhängen machen das südliche Ambiente perfekt. Leichte Stoffe lassen die Sonne durch, und je nach Farbe oder Muster tönen sie das Licht im Innenraum. Wenn der Wohnraum ganz nach Süden ausgerichtet ist, erzielt man auch mit gemusterten schwereren Stoffen sehr schöne Effekte. Werden sie in der Mittagszeit etwas zugezogen, erzeugt man ein Licht- und Schattenspiel, wie wir es von spanischen Landhäusern kennen.

Eine urgemütliche Ecke vor dem Kamin, hier kann man ausspannen.

Was das Mobiliar angeht, lebt auch der mediterrane Stil von der Schönheit einer eher ländlich geprägten Bescheidenheit. Alte Bauernschränke und große naturbelassene Holztische bilden den Mittelpunkt des Eßzimmers oder einer geräumigen Wohnküche. Nicht nur in früheren Zeiten spielte sich in diesen Räumen das gesellschaftliche Leben ab. Hier kann man eine Tafel decken, die – von flackernden Kerzen beleuchtet – jede Mahlzeit zu einem unvergeßlichen Erlebnis werden läßt. Mit den entsprechenden Zutaten, serviert auf bunt bemaltem Keramikgeschirr, holt man das südliche Flair endgültig in die Wohnung: mit frischen Artischocken, einer Boullabaise, Früchten, einer Käseplatte, einem guten einfachen Weiß- oder Rotwein und natürlich jeder Menge Baguette. Wenn der italienische Espresso und ein Digestif das Mahl schließen, ist so ein Abend selbst in einer Stadtwohnung im dritten Stock zu einem erholsamen und anregenden Erlebnis geworden.

Hat man die Möglichkeit, im Sommer im Freien einzudecken, so kann man das mediterrane Urlaubsgefühl mit Hilfe weniger Accessoires auch in einen nordeuropäischen Garten holen. Schlecht sind entweder Gartenmöbel aus geformtem Eisen, besonders beliebt sind intarsierte Keramiktische, oder aber einfache, bunt lackierte Holzmöbel. Jeder Tisch läßt sich mit einer bunten Decke in eine südliche Tafel

Ein im mediterranen Stil dekorierter Tisch strahlt Genuß und Lebensfreude aus.

Die gelb-orangefarbenen Wände lassen dieses Zimmer selbst bei trübem Wetter sonnig erscheinen.

Korbmöbel sind ein unverzichtbares Element mediterraner Wohnkultur ...

verwandeln – zum Beispiel mit nach dem Vorbild spanisch-arabischer Mosaike blauweiß gemusterter Tischwäsche oder einer sonnengelben, mit den bekannten provencalischen Olivenmotiven verzierten Decke. Auch hier sollte man schwereres Geschirr oder Steingut feinem Porzellan vorziehen, will man dem Landhausstil gerecht werden.

Nicht wegzudenken aus dem Ambiente des Mittelmeerraumes sind bequeme – in früheren Zeiten sehr preiswerte – Korbmöbel. Mit passenden Kissen laden sie geradezu zu einer Siesta ein. Großzügige Sessel und Sofas in einfachen, geraden klassischen Formen bilden einen guten Kontrast zu den Holz- und Terrakotta-Tönen der Räume, wenn sie mit einfarbigen hellen, am besten weißen oder cremefarbenen Stoffen bezogen sind. Pflegeleichter sind Houssen, die über die Sitzmöbel gezogen werden. Sie wirken besonders schön, wenn sie aus Wolle, Baumwolle, Seide oder Leinen sind, und fügen sich gut in das Landhausambiente ein.

... ebenso wie schlichte Tongefäße und geometrisch gemusterte Stoffe.

Ein offener Kamin ist das Nonplusultra einer Landhauswohnung. Für die mediterrane Einrichtung wird er entweder weiß gekalkt beziehungsweise gestrichen, in Marmor eingefaßt oder auch mit Natursteinen umrahmt. Nirgendwo läßt es sich mit guten Freunden bei einem Glas Wein so angenehm plaudern wie vor einem flackernden Buchenholzfeuer, das abends die Gesprächsteilnehmer wärmt und Schattenspiele an Wände und Decken wirft.

Viele Dinge des täglichen Bedarfs bestehen aus gebogen verarbeiteten Eisendrähten und -stangen beziehungsweise schmiedeeisernen Arbeiten. Tische, Stühle, Betten und Sofas stehen auf eisernen Gestellen. Aber auch filigrane Accessoires sind aus diesem Material gearbeitet: Etageren für Obst und Gebäck, Kerzenleuchter und Bilderrahmen. In Verbindung mit farbigen Keramikarbeiten oder gemusterten großen Kissen sind sie Sinnbild mediterraner Leichtigkeit und Lebensfreude.

Ein weiteres Dekorationselement sind Tongefäße in vielen Variationen. Terrakotta-Vasen, -Amphoren, -Schüsseln, und -Töpfe in allen erdenklichen Formen und Farben. In ihrer Einfachheit und farblichen Harmonie sind diese Accessoires zum Inbegriff des mediterranen Stils geworden.

Das Sonnengesicht, Symbol der Provence, ergibt zusammen mit dem kräftigen Blau eine heitere Farbkombination.

Sie schaffen auch in Gärten und Pergolen, auf Terrassen und Balkonen die gewünschte Atmosphäre. Bestückt mit Oleander, Lavendel, Rosmarin, Zypressen und Geranien versetzen sie Sie sofort in Urlaubsstimmung. Holen Sie sich die Provence oder die Toskana nach Hause. Offene Türen und Fenster verbinden Innen- und Außenräume, so daß sie als Einheit aufgefaßt werden. Beziehen Sie die Natur mit ihren Farben, Formen und Gerüchen in das Interieur ein. Gerade im Frühjahr und Sommer, wenn Blumen und Sträucher in voller Blüte stehen, belebt ihr Anblick die Wohnung auf erholsame Weise. Überhaupt sollten Sie keine Angst vor Farben haben. Doch achten Sie darauf, sich in einer

Farbenwelt zu bewegen. Ergänzen Sie die heiteren, frischen mediterranen Töne nicht mit den charakteristischen Farben des puristischen Landhaus-Wohnstils. Die Farben des mediterranen Landhausstils entsprechen der Natur des Mittelmeerraumes. Wasser-, Azur- und Kornblumenblau bis hin zu ganz lichten Himmelblau-Nuancen begegnen verschiedenen Gelbtönen. Gelb ist überhaupt eine der Farben, die für Sonne, Licht und Heiterkeit stehen. Gelb wirkt kommunikativ und paßt ausgezeichnet zur mediterranen Lebensfreude. Die Palette reicht von einem kräftigen Sonnenblumengelb, über Creme- und Indisch-Gelb bis in die ockerfarbenen Varianten. Ergänzt werden die Töne durch ein warmes, erdiges Orange-Terrakotta, ein zartes beruhigendes Reseda-Grün und ab und an durch ein fahles Rosé, ein gedecktes, angenehm neutralisierendes Beige und ein schillerndes Türkis.

Die Frische der Farben zeugt von der Ausstrahlung des Mittelmeerraums, sie spiegelt Offenheit und Lust am Leben wider, verströmt eine wunderbare Wärme und verwandelt die Räume in behagliche Oasen. Lassen Sie sich anstecken vom mediterranen Lebensgefühl, und machen Sie aus Ihrem Zuhause ein Feriendomizil für mehr als ein paar Wochen im Jahr.

Gelb-, Orange- und Blautöne verleihen Ihrer Wohnung ein mediterranes Flair.

Puristisches Ambiente

Der Stil des Einfachen hat viele Freunde in aller Welt, vielleicht ist er der bisher globalste internationale Wohntrend. Denn das Puristische, das Reine, Einfache, Pure trifft einen wesentlichen Lebensnerv in uns: Die Sehnsucht nach Ruhe und Klarheit. Jeden Tag werden wir bombardiert mit Informationen, die wir gar nicht mehr verarbeiten können: Plakatwände, Zeitschriften, Fernsehen, Computermonitore. „Es ist alles so schön bunt hier", wie Nina Hagen schon vor Jahren in einem ihrer provokativen Songs formulierte. Tagtäglich überrollt uns eine audiovisuelle Flut, Lautstärke und Intensität sind manchmal kaum mehr zu ertragen. Unsere Umwelt ist schnell, hart, zuweilen oberflächlich und zunehmend virtuell. Die Reduktion auf das Wesentliche erscheint als ein geeigneter Gegenpol.

Die puristische Wohnwelt ist klassisch zeitlos. Sie ist sanft, aber nicht rund, sie ist schlicht, dabei aber nicht einfallslos, sie ist klar gegliedert und doch nicht langweilig. Genauer betrachtet ist sie von Widersprüchen gekennzeichnet, sie vereint scheinbar Gegensätzliches und lebt von diesem Spannungsverhältnis. Einfache Formen treffen auf unterschiedliche Strukturen und Materialien. Nackte Stahlträger gibt es ebenso wie feines Porzellan, weiche warme Decken ebenso wie harte kalte Steinplatten. Das Funktionale begegnet dem Emotionalen, das Banale dem Kunstvollen, das Primitive dem artifiziell Konstruierten.

Ein besonderer Reiz der puristischen Einrichtung besteht darin, Altes mit Neuem interessant verknüpfen zu können. Gerade diese Symbiose ist es, die den Charme der schlichten, einfachen Atmosphäre ausmacht. So können sogar vorhandene mehrlagige, teilweise entfernte oder zerstörte Tapetenreste erhalten bleiben; sie bilden wunderschöne Wandflächen, wenn sie nach dem partiellen Abriß mit weißer Tünche überstrichen werden. Türen, Fenster und Sockel werden ebenfalls lasiert, wobei Reste der zuvor genutzten Farben durchscheinen können und sollen. Das gilt nicht nur für die Wände, sondern auch für Decken, Böden und Möbel aller Art und im übertragenen Sinne für Bett- und Hauswäsche sowie für Gegenstände des täglichen Bedarfs in Bad und Küche. So müssen die Decken nicht in makellosem Weiß erstrahlen, ein wenig Patina dürfen sie schon haben. Einzelne Möbelstücke vom Flohmarkt geben der puristischen Einrichtung Charme. Dabei geht es nicht um teure Antiquitäten, sondern vor allem um die einfachen Dinge. Etwas heller Lack kann einen alten Holzstuhl neben einem soliden Buchenholzregal zu einem Blickfang machen. Eine einfache Blechlampe macht sich ausnehmend gut über einem kühlen Glastisch. Umgekehrt können Sie eine minimalistische Designerlampe über einem alten Küchentisch plazieren, dem Sie einen entsprechenden Anstrich gegeben haben. Wichtig ist, daß Sie sich mit wenig begnügen, bleiben Sie bei einfachen Formen und hellen Farbtönen.

Die Stilwelt des Purismus verlangt Großzügigkeit, freie Flächen, Mut zur Lücke und, wenn es die Innenarchitektur gestattet, Weite. Sie sollten Freiräume schaffen, nicht zu viele Accessoires verwenden und vor allem nicht jede Ecke mit einem Möbelstück ausstatten. Wände sollten als solche zur Geltung kommen, für Bilder und Regale sollte man einen geeigneten Platz wählen und dann den Einzelstücken ihren Raum geben: Inszenierung durch Reduktion. So entsteht eine meditative Ruhe, wie wir sie aus japanischen Zengärten kennen und überall dort erwarten, wo Menschen sich besinnen und einen Ort zur Kontemplation benötigen. Es ist eine kreative Leere, die der Geist füllen kann. In dieser Umgebung kann man sich zurückziehen, nachdenken, nachfühlen, sich erholen, aber auch arbeiten.

Das puristische Ambiente bietet den passenden Hintergrund für gemischt genutzte Räume, also für Arbeiten und Wohnen. Künstler, Architekten und Designer bevorzugen diese Atmosphäre, denn sie läßt Raum für die

Klare Linien und reduziertes Design bestimmen diesen Schlafraum.
Seite 42–43: Helle Farb- und Grautöne schaffen in puristisch eingerichteten Räumen ein sachliches Ambiente.

Weiß ist eine der wichtigsten Farben des puristischen Stils.

Artischocken eignen sich hervorragend zur Dekoration.

Schlichtes Besteck ...

... und Porzellan gehören in dieses Ambiente.

Gestaltung. Nicht das Interieur gibt die Richtung an, sondern der Mensch, der es bewohnt. Intuitionen, Kreativität und Ideen können sich frei entfalten.

Jede Epoche hat die Gestaltungshorizonte, die sie braucht. Heute ist das Einfache wichtiger denn je, hilft es doch, die Gedanken zu sortieren, sich von tradierten Vorstellungen und Zwängen zu befreien.

Das Pure und Schlichte fordert ein ebensolches Material. Qualität ist bei den reduzierten Formen immer sichtbar. Greifen Sie auf gute Basismaterialien zurück: Stahl und Aluminium, Glas und Stein, Holz und hochwertige Kunststoffe. Wichtig ist auch, daß das Material, aus dem Tische, Betten, Sessel, Vorhänge und Teppiche gefertigt sind, erkennbar bleibt. Leinen sollte aussehen wie Leinen und sich auch so anfühlen, ebenso Kattun oder Baumwolle. Mattiertes Aluminium wird nicht lackiert, auch Holz sollte möglichst naturbelassen bleiben. Stein bleibt Stein und Putz bleibt Putz. An den Wänden wird in der Regel nicht mit Tapeten oder Stoffen gearbeitet. Vor den Fenstern werden die Gardinen oder Sichtschutzstoffe in Bahnen gehängt. Die Stoffe sind keine skulpturalen, raumfüllenden Dekorationselemente, sondern flächige Gebilde. So bleiben die Gewebestrukturen sichtbar. Matt- oder Glanzgrade der Garne, Webarten und Verarbeitungsweisen sind Teil des Gesamtkonzepts.

Insgesamt spielen Oberflächenstrukturen eine große Rolle. Die Sinnlichkeit eines puristischen Ambientes wird

Mit Deckenflutern kann man gezielt Lichteffekte setzen.

in der Berührung erfahrbar. Gehen Sie im Salon barfuß über glatt gewachste Holzdielen und betreten dann das Schlafzimmer, das mit einem weichen federnden Veloursboden ausgelegt ist, so werden die Empfindungen ganz unterschiedlich sein. Man kann die Spannbreite der haptischen Erfahrung aber schon beim bloßen Hinsehen spüren. Stellen Sie ein mit einem angenehm warmen und weichen Stoff bezogenes Sofa mit vielen gemütlichen Kissen vor eine rauhe unbehandelte Betonwand. Schon der Anblick schafft einen besonderen Reiz, denn wir fühlen den Unterschied der Oberflächen und genießen den Gegensatz.

Die Böden sind entweder naturbelassen in Holz, Beton und Stein oder sie werden mit textilen Schlingen-, Noppen- oder auch verfremdeten Veloursböden bedeckt. Struktur darf sichtbar sein aber die Muster sind sehr zurückhaltend: Faux-uni Flächen, Jaspé-Optiken, grafisch-geometrische kleine Muster oder auch mal zarte Streifen. In die gleiche Richtung gehen die Polsterstoffe, sie sind fast immer einfarbig gehalten und sollten eine natürliche Mattheit

Oben: Weniger ist mehr.
Seite 48–49: Die Farben sind gut aufeinander abgestimmt, und obwohl die Einrichtung schlicht ist, wirkt sie sehr behaglich.

Die Wahl des Fußbodenbelags hat großen Einfluß auf die sinnliche Ausstrahlung eines Wohnraums.

aufweisen. Gut machen sich immer Stoffstrukturen, die unauffällige mehrdimensionale Oberflächenoptiken aufweisen. Glattes glänzendes Leder, groß gemusterte oder gar florale Dessins passen nicht in die Wohnlandschaft des Puristischen.

Sitzmöbel können gemütlich wirken. Sie werden häufig mit Houssen bezogen, die früher als reine Schonbezüge dienten, um teure Seide und Brokate vor Licht, Staub und Abnutzung zu schützen. Nur bei großen Festlichkeiten oder „hohem" Besuch wurden die Houssen entfernt. Vor Jahren hat man sie als praktische Verhüllungselemente für den puristischen Stil wiederentdeckt.

Blumen sind willkommene Accessoires. Entweder als einzelne Pflanze in einem schmalen Gefäß oder als üppiger

Strauß setzen sie einen pointierten Akzent in einem puristischen Interieur. Sehr edel wirken Schnittblumen, wenn sie Ton in Ton mit der Umgebung eingesetzt werden. Besonders geeignet für das helle Ambiente sind weiße Schafgarbe, cremefarbene Tulpen, Lilien oder großzügig dekorierte weiße Fliederstauden. Interessant ist aber auch der dezente Kontrast mit blauen Vergißmeinnicht, roséfarbenen langstieligen Rosen, gelben Narzissen und dunkelroten Tulpen. Die Vasen oder Blumenschalen sollten Bezug zu den geometrischen Grundformen von Kubus, Ellipse oder Kugel aufweisen, denn Schnörkel und Verzierungen sind weniger wünschenswert und wirken hier nicht geschmackvoll. Das Gleiche gilt für andere Accessoires wie Töpfe, Schalen oder Porzellan. Eine klare einfache Form ist jeder Verspieltheit vorzuziehen.

Der klaren Prägnanz zuliebe sollte man die Akzenttöne, also die Kontrastfarben, einer puristischen Farbreihe nur sehr vorsichtig und kleinflächig einsetzen. Einer großzügig inszenierten, einfach gehaltenen und nuancenarm gestalteten Farbwelt muß man nur einen Hauch, eine Idee von Andersfarbigkeit entgegensetzen, um etwas herauszuheben. Deswegen sind die Ansprüche an das Farb-

Oben: Farben und Kontraste werden nur reduziert eingesetzt.

Rechts: Einfaches Glas wirkt formschön und elegant.

Die runden Fensterluken in der Decke sind das Highlight dieser Wohnung.

empfinden der Purismus-Liebhaber hoch: Lassen Sie sich eher durch Reduktion als durch Fülle verführen. Das Einfache ist noch schöner, das Minimale noch kostbarer, der kleine Kontrast hat größere Wirkung.

Der Stil des klassischen Purismus ist verschiedenen Bereichen der Wohn- und Arbeitsarchitekturen entliehen. Anregungen kommen aus verlassenen Fabrik- oder Büroetagen, stillgelegten Maschinenhallen, aber auch aus alten, dem Verfall preisgegebenen Villen, Wohn- und Lagerhäusern der Großstädte. Lofts sind die Wohnstätten, in denen sich dieser Stil ideal umsetzen läßt. Der Basis-Ton ist Weiß, klar und schlicht: Kalk-Weiß. Die Nebentöne sind fast alle aus ihm entstanden: Nessel-Weiß, gebleichtes Leinen, Mehl-Weiß und Grau-Weiß.

Beige, Karamel- und Sandtöne schließen sich an, sie bilden die Schattentöne der Weiß-Nuancen. Es folgt die lange Reihe der lichten Ocker-, hellen Braun- und Khaki-Farben, die eher einem ländlichen Wohnambiente entstammen und wiederum die Weiß- und Beige-Nuancen akzentuieren. Durch ihren Einsatz entstehen wunderbare Wand-Schattierungseffekte. Mit einer gezielten Farbkombination erreicht man raffinierte, elegante und ästhetische Flächenwirkungen.

Nach den Ocker- und Braun-Nuancen kommen die gedeckten Stahlgrau, Gewitter- und flachen Basalt-Töne. Sie unterstützen die reinen Metallfarben von Edelstahl, Aluminium, Titan und Eisen. Als Akzentton dient das tiefe, angegraute Braun, das im puristischen Ambiente der Holzton Wengé präsentiert.

Wundervoll lassen sich die hellen Off-White-Farben mit Wenge akzentuieren. Das kräftige, fast unpersönliche Braun vermag sogar die angeblaßten Beige-, Lichtbraun- und angegrauten Metalltöne zum Klingen zu bringen.

Bei genauer Betrachtung der Farbenwelt der puristischen Inneneinrichtung wird die maßgebliche Maxime dieses Stils bewußt: Weniger ist mehr. Der Schlüssel liegt ohne Zweifel in der Beschränkung auf wenige Farben, klare Formen und wesentliche, sorgfältig ausgesuchte Einrichtungsgegenstände.

Grau-, Beige- und Brauntöne werden dem puristischen Weiß entgegengesetzt.

Exotisches Flair

Schon immer hat es Menschen in die Ferne gezogen. Mögen die Motive auch noch so unterschiedlich gewesen sein, allen gemeinsam war sicherlich der Reiz des Unbekannten, die Faszination für das Fremde. So wie wir heute Andenken von unseren Reisen mit nach Hause bringen, so haben auch Forscher und Abenteurer früher schon fremdländische Waren von ihren Expeditionen in die Heimat überführt. Bereits im 14. Jahrhundert kamen edle Stoffe, Gewürze und Pflanzen über die Seidenstraße von China nach Europa. Im 18. Jahrhundert waren die sogenannten Chinoiserien der letzte Schrei im Westen. Wer es sich leisten konnte, sammelte chinesisches Porzellan, Lackmöbel und Seidenteppiche aus dem Reich der Mitte.

Heute, im Zeitalter des globalen Weltmarktes, gilt unser Interesse vielen Kulturen. Unterschiedlichste Einflüsse finden Eingang in unser Leben, sie wirken sich auf unsere Eßgewohnheiten aus und natürlich auch auf unsere Einrichtungsvorlieben. So enstand ein Stil, der ebenso exotisch wie luxuriös erscheint. Er ist sehr variabel, da er sich nicht auf ein Ursprungsland beschränkt. Afrikanische Skulpturen und Holzmöbel sind darin ebenso vertreten wie kunstvoll verzierte Paravents aus Indien, russische Samoware, türkische Kelims, chinesische Vasen und vieles mehr.

Die Sehnsucht nach fernen Ländern ist auch verbunden mit dem Wunsch, etwas von deren Ruhe und

Oben: Bunte Kissen mit geometrischen Mustern, Keramikgefäße und die Form der Fensteröffnung muten orientalisch an.
Seite 56–57: Die Hauptfarbe Rot, akzentuiert mit Weiß und Gold, ist typisch für den exotischen Stil.

Gelassenheit, von ihren Lebensgewohnheiten nach Europa zu transportieren. Unser Bild vom Orient ist dabei weniger von aktuellen Bedingungen oder gesellschaftspolitischen Zusammenhängen bestimmt, als vielmehr von einer Traumwelt, wie sie sich uns in vielen Märchen und Mythen seit langem darstellt. Unermeßliche Pracht, verbunden mit der Vorstellung eines sorgenfreien Daseins war schon immer ein faszinierendes Gegenbild zur kalten Realität. Die Wohnwelt des Exotischen basiert auf ornamentalem Reichtum, Farbenpracht und Bequemlichkeit. Alle Sinne werden angesprochen, sie ist verspielt und geheimnisvoll. Für die entsprechende Atmosphäre werden die Räume im Halbdunkel gehalten. Das Sonnenlicht sollte Schatten werfen und in Streifen und Mustern in die Räume fallen. Am nächsten kommen Sie diesem Ambiente, indem Sie geschnitzte Paravents oder Läden vor den Fenstern anbringen. So entsteht eine geheimnisvolle orientalische Stimmung, in der die Farben unwirklich und etwas matt erscheinen. Sobald aber

Mit wenigen Accessoires kann man ein exotisches Flair auch in den Garten bringen.

ein Lichtstrahl darauf fällt, beginnen sie zu strahlen und zu glänzen und ihre volle Farbenpracht zu entfalten.

Holz ist meist dunkel und matt-glänzend lackiert. Schränke und Truhen sind schwer und strahlen Haltbarkeit aus. Komfort, Wärme und Genuß spiegeln sich in den vielen bequemen Sitzmöbeln, die alle ziemlich nahe am Boden gehalten sind. Auch Tische und Stühle sind eher niedrig. Sitzkissen spielen hier eine herausragende Rolle.

Wer diese Welt des Luxus und der Üppigkeit liebt, sollte auf Farben setzen und mit dem Einsatz von textilen Materialien nicht geizen. Der exotische Landhausstil übernimmt viele Elemente islamischer Kulturen, die typischen Palmetten-, Ranken- und Rauten-Ornamente, sowie Zinnen- und Zickzackborten, die sich inzwischen auch bei in Europa hergestellten Textilprodukten finden lassen.

Die Wände vertragen Farbe, in kräftigen Rottönen wirken sie besonders schön, wenn man sie mit kleinen Mustern in den Akzentfarben Gold oder Sattgrün unterbricht. Natürlich spielt die Dimension eines Raumes eine entscheidende Rolle. Je größer er ist, desto eher kann man sich Experimente mit satter Farbigkeit leisten. Sind die Räume klein, ist die maurische Variante eine gute Lösung:

Üppig gedeckte Tische bereiten ein sinnliches Eßvergnügen.

Ornamentreiche Kissen, der Holzparavent, die Messinglampe und der typische Tablett-Tisch verändern das Gesicht dieses Wohnraums.

Weiße Farbe wird direkt auf den Putz gestrichen und der Raum großzügig mit Kissen, Teppichboden und Vorhängen ausgestattet. Wenn Sie einen oder mehrere Räume in Ihrem Haus auf diese Weise einrichten möchten, entwickeln Sie mit Ihrem Raumausstatter ein Gestaltungskonzept. Lassen Sie sich passende Stoffe und Tapeten, Kissen und Polstermöbel zeigen. Der Fußboden sollte in erster Linie der Behaglichkeit dienen, Teppichboden ist hier besonders geeignet. Wichtig sind auch passende Lampen. Aus vergoldetem Metall gearbeitet und mit buntem Glas durchsetzt, strahlen sie ein warmes zurückhaltendes Licht aus. Kerzenhalter aus Messing und kleine Öllämpchen sind ebenfalls passende

Dekorationselemente. Schalen, Töpfe und Gläser in allen Variationen lassen sich mühelos integrieren, und ein Backgammon-Spiel auf dem gemütlichen Sofa macht den Eindruck perfekt.

Doch auch bei diesem Stil geht es nicht darum, streng einem vorgegebenen Muster zu folgen. Nicht das originalgetreue türkische Serail oder die marokkanische Wohnung in Fes oder Marrakesch sind das Ziel, sondern die Umsetzung eines Ambientes, die Atmosphäre zum Wohlfühlen, die eine solche Wohnung ausstrahlen kann. Wichtig ist also die Stimmung, die Sie erzeugen.

Bei der Inneneinrichtung kann man auch improvisieren. Nicht alles braucht seinen festen Platz. Schon mehrere ein bis zwei Meter große Palmen und Bambuspflanzen in passenden Übertöpfen vor einem Paravant aus schönen Seidenstoffen erwecken die Illusion exotisch-subtropischen Interieurs. Wenige zusätzliche Gestaltungselemente wie eine versilberte runde Kupferschale auf einem klappbaren Tischgestell bringen ein exotisches Flair in die Wohnung.

Das eindringlichste Gestaltungsmittel dieses Landhausstils ist die Farbe. Die Palette des Exotischen ist voller Intensität und Klarheit. Die Töne wirken kostbar wie zum

Oben und rechts: Reich verziertes Porzellan und ein Arrangement aus Glaskaraffen passen gut in dieses Ambiente.
Seite 62–63: Durch das Gitterwerk entwickelt sich im Inneren ein phantastisches Spiel von Licht und Schatten.

Beispiel Venezianisch-Rot, Krapplack, aber auch Königsblau und ein schönes tiefes Violett-Blau. Isalm-Grün, Email-Grün und ein frischer Türkiston begleiten hellere Farben von Beige-Gelb, Gold bis Licht-Gelb. Am besten werden für diese Themenwelt neben ornamentalen geometrischen Mustern wie Kreisen, Halbkreisen, Achtecken, Sternen und Rhomben Linien eingesetzt. Fehl am Platz sind Blüten- oder Fruchtmotive. Lassen Sie sich bei der Wand- und Bodengestaltung von klassischen Vorbildern anregen: Geometrische Inlays aus der Farbwelt des Exotischen lockern eine sonst unifarbene Bodenfläche elegant auf, sie erinnern zudem an maurische Kachelmuster.

Ist das exotische Interieur gelungen, können Sie das Ganze mit einem Hauch fremder Gerüche krönen. Kardamom, Zimt, Myrrhe und exotische Spezereien korrespondieren herrlich mit den kostbaren Farben und glänzenden Fäden der Seidenstoffe und verschwenderischen Brokate.

Kräftige Farben bestimmen die Welt des Exotischen.

Bodennahe Arrangements laden zum Entspannen ein. Wer es weniger gemustert mag, wählt einen unifarbenen Teppichboden.

Natürliche Atmosphäre

Die Wohnwelt, die wir hier als natürlich bezeichnen, beschreibt einen der wohl ursprünglichsten ländlichen Einrichtungsstile. Er ist zeitlos attraktiv und besticht vor allem durch schlicht gehaltene, solide Holzmöbel. Die Landbevölkerung hatte nicht wie Bürgertum oder Adel die Mittel, kurzlebigen Modeerscheinungen zu frönen. Es geht beim natürlichen Landhausstil um Langlebigkeit und Bequemlichkeit. Das bescheidene, schnörkellose Design schafft eine Atmosphäre der Unmittelbarkeit, es ist zugleich naturverbunden und behaglich.

Am originalgetreuesten wirkt dieser Stil, wenn die Einrichtung aus Antiquitäten besteht. Alte Bauernschränke aus Eiche mit schmiedeeisernen groben Beschlägen, Anrichten und Kommoden mit einem Tellerbord darüber, einfache Holzschemel und Stühle mit leiterförmigen Rückenlehnen und Sitzflächen aus Binsengeflecht stellen das typische Mobiliar. Aber die Hersteller bieten auch eine Vielzahl aktueller Möbelmodelle, die diesem Stil entsprechen. Einerseits werden traditionelle Formen nachgebaut, andererseits gibt es Adaptionen, die etwas weniger schwer wirken und trotzdem die gewünschte Solidität und Wärme ausstrahlen.

Decken und Wände bestimmen, wie rustikal ein Raum tatsächlich wirkt. Sind die Decken mit Holzbalken verziert oder die Deckenbalken in einem alten Haus sichtbar, so

Oben: Idylle mit Fachwerk und Bauerngarten.
Seite 68–69: Braun ist die Grundfarbe des natürlichen Stils.

wird die Atmosphäre schon durch dieses Detail geprägt. Ebenfalls ländlich-rustikal wirken Wandvertäfelungen, die in Sitzecken zum Beispiel bis auf Brusthöhe reichen können. Sie schützen die Wände und machen einen häufigen Anstrich unnötig. Aber seien Sie vorsichtig, denn kleine Räume mit Holz an Decke und Wänden wirken schnell überladen, so daß die angestrebte Gemütlichkeit in eine erdrückende Stimmung umschlagen kann. In einem echten Landhaus gibt es jedoch nichts Schöneres, als die Deckenbalken knarren zu hören; das Holz arbeitet, und man hat das Gefühl, das Haus lebt.

Im Gegensatz zum puristischen Ambiente ist das natürliche keineswegs auf Reduktion aus. Hier darf es schon mal überquellen, und auch ein wenig Unordnung kommt dieser Atmosphäre eher entgegen. Die Gegenstände des täglichen Bedarfs sind frei zugänglich: Regale sind offen, auf Sideboards und Kommoden stehen die unterschiedlichsten Accessoires, und auch die Wände sind dekoriert mit Bildern, Tellern, Wandleuchtern und Trockensträußen Die Küche ist das Gegenteil einer modernen Einbauküche. Hier hängen Kupfertöpfe und gußeiserne Pfannen direkt an den Wänden, und auf den Regalen und Arbeitsflächen sammeln sich Steingut- und Keramikgefäße, Holzbrettchen und grob geflochtene Weidenkörbe. Das scheinbar Unübersichtliche macht gerade den Charme dieser Räume aus. Wenn der Platz es zuläßt, sollte man eine Wohnküche einrichten. Eine gemütliche

Sitzecke mit Holzbank und großem Tisch, an dem sich die Familie oder die Freunde zur Brotzeit treffen können. Leben und Arbeiten geschieht im Landhaus traditionsgemäß in großer Runde. Das Nützliche wird mit dem Angenehmen verbunden, das zeigt sich draußen und drinnen. In der Küche wird gewirtschaftet und gegessen, und im Bauerngarten sind die Blumenbeete neben dem Gemüseacker und den Kräuterecken angelegt. Diese natürliche Symbiose ist wohltuend in einer Zeit, in der die Arbeit in der Regel fremdbestimmt ist und das

Gefühl, wirklich zu leben, häufig auf die wenige Freizeit beschränkt bleibt.

Dieser Landhausstil eignet sich ganz besonders, um der Natur wieder ein Stück näherzurücken. Die natürliche Atmosphäre unterstützt unser Empfinden für die wesentlichen Dingen des Lebens. Wenn frisch gebackenes Brot und frische Kräuter ihren Duft in diesem Ambiente verbreiten, fühlt man sich in frühere Zeiten zurückversetzt. Wie gut schmecken hier ein frisch gemahlener Bohnenkaffee oder kräftiger Wein.

Natursteinwände und ein Kamin wirken sehr authentisch.

Ein ländliches Ambiente mit rustikalen Möbeln

Diese Lebensart müssen wir nicht erst erlernen. Sofort fühlen wir uns heimisch, können aufatmen und uns auf angenehme Weise erholen.

Die Materialien spielen eine wichtige Rolle, wenn es um Wohnqualität geht. Bleiben Sie bei natürlichen Werkstoffen. Für Textilien wie Polster- und Vorhangstoffe, Tischwäsche, Decken und Kissen eignen sich Baumwolle, Leinen und Wollstoffe. Sie können ruhig farbenfroh sein, sofern sie sich an die Farbwelt des natürlichen Wohnens halten, auf die wir am Schluß dieses Kapitels genauer eingehen. Sehr gut machen sich auch einzelne gepolsterte Stühle, die mit Leder bezogen sind. Eine Sitzgarnitur aus Leder wird oft als kalt empfunden, wirkt aber sehr edel.

Polster- und Polsterstoffe, aber auch Teppichböden sind so etwas wie Garanten einer angenehmen Raum-

Oben: Helle Holzmöbel mit klaren Formen lassen Raum für Dekorationen.
Seite 74–75: Schlichtes, solides Mobiliar schafft eine Atmosphäre der Beständigkeit.

In das Umfeld des natürlichen Wohnens passen einfaches, dezentes Geschirr ...

akustik. Die Geräusche werden gedämpft, sie verhindern Nachhall- und Resonanzeffekte. Somit wirken sich textile Materialien positiv auf die Behaglichkeit und auf die Ruhe der Räume aus. Letzteres ist besonders wichtig, wenn wir der Wohnung Erholungswert geben möchten. Stellen Sie sich die Frage: „Kann ich in diesem Zimmer schlafen, lesen und mich unterhalten?“ Alle drei Punkte sollten mit „ja“ beantwortet werden, erst dann besitzt ein Raum ein ausgeglichenes Temperament.

Auch die Accessoires und Dekorationselemente sollten aus natürlichen Materialien bestehen. Kunststoffe und -fasern wirken hier sofort billig und fehl am Platz. Eine Zinnkaraffe ist ein wunderbares Gefäß für einen bunten Blumenstrauß, ebenso wie die typischen graublauen Steinguttöpfe. Schalen für Obst können aus Keramik, bemaltem Porzellan oder Holz sein. Aus Messing gibt es Lampen und Kerzenhalter. Trödelmärkte bieten vieles, was sich in diese Einrichtung einfügt, der Phantasie sind keine Grenzen gesetzt. Auch die ganz einfachen Dinge wie emaillierte Blechkannen, alte Melkschemel und einfache Weidenkörbe bereichern die ländliche Einrichtungswelt, in der bewußt gelebt wird, ohne daß man inszenieren oder zelebrieren müßte. Natürlichkeit, Bodenständigkeit und Schlichtheit sind ein gutes Rezept für Behaglichkeit und Zufriedenheit.

Die Palette der Farben dieser Einrichtungswelt wird von der Natur bestimmt. Pflanzen, Holz, Stein und Erdtöne sind führend. Die Hauptfarben sind Naturweiß und Beige sowie eine breite Skala von Braun- und Gelbtönen. Zartes Strohgelb, aber auch kräftiges Maisgelb stehen neben Ocker- und Sandfarben. Walnußtöne und Mahagonifarben changieren bis hin zu tiefem Schwarzbraun. Gedeckte Erbs- und Farngrüns, aber auch helles Rostrot bilden einen angenehmen Kontrast. Zum Klingen bringen kann man diese einfache, aber schöne Palette der Naturtöne durch ein paar Spritzer Apfelrot oder ganz sparsam eingesetztes Mittelblau. Bevorzugt man einen härteren Kontrast, so bietet sich ein klares Weiß oder ein etwas sanfteres mattes Dunkelgrau bis Anthrazit an.

Beschränken Sie sich auf einen Farbraum, so ist Ihnen eine harmonische Atmosphäre sicher. Wir können ohnehin nicht alle zehn Millionen Farbtöne, die der Mensch zu unter-

... und schlichte Gartenmöbel aus Holz.

Der Teppichboden ist farblich auf die Holzdecke abgestimmt, die weißen Wände und Sitzmöbel bilden einen schönen Kontrast.

Steinfußboden ist im Wintergarten eine gute Lösung, wenn dieser direkt an den Außenbereich angeschlossen ist.

LA FRANCE
ARLATTE

scheiden vermag, in einem Haus oder einer Wohnung unterbringen. Eigentlich ist eine Farbwelt genug und ausreichend nuancenreich. Selbstverständlich können Sie die Küche oder Ihren Wintergarten in einer anderen Farbwelt als die übrigen Räume gestalten. Doch seien Sie auf der Hut: weniger ist oft mehr.

Was für die Farben selbst gilt, ist auch für das Gestalten mit hell und dunkel gültig. Grundsätzlich erscheinen uns ähnliche Farbtiefen fast immer angenehmer als kontrastreiche Flächen. Viel hängt beispielsweise von der vorgegebenen Innenarchitektur, also der Höhe, Breite und Länge der Räume, den Lichtverhältnissen, dem Mobiliar und den Raumfunktionen ab. Im Zweifelsfall testen Sie bei den verschiedensten Tageszeiten und bei Kunstlicht Ihre kontrastreichen oder kontrastarmen Vorstellungen. Streichen Sie Ihre Farbvorstellung auf ein großes Stück alte Tapete oder Packpapier und befestigen sie es dann an Decke oder Wänden. So bekommen Sie einen besseren Eindruck von der Wirkung, denn größere Farbflächen sehen oft völlig anders aus als quadratzentimetergroße Muster.

Testen Sie auch vorab, wie verschiedene Materialien zusammenwirken. Glatte Oberflächen ohne Struktur wirken bei gleicher Farbtiefe meist heller, glänzende dagegen dunkler, strukturierte Oberflächen erscheinen je nach Lichteinfall ebenfalls häufig dunkler. Bei Schlingenteppichböden wird dieser Effekt im Vergleich zum Veloursboden deutlich, denn besonders bei Seitenlicht werfen die Schlingen aufgrund ihrer Struktur kleine Schatten auf die Oberflächen. Dasselbe gilt für Wände, die mit traditionellen Techniken verputzt wurden. Die Korngröße der Putz-Materialien und der Auftrag mit Spachtel oder Bürste bestimmen die optische Intensität, die durch das feine Relief beeinflußt wird. Sie sind also immer gut beraten, Farben auf größeren Flächen zu testen, bevor Sie sich endgültig für einen bestimmten Ton entscheiden.

Ein großer Tisch in Eßzimmer oder Küche bildet den Mittelpunkt ländlicher Wohnkultur.

Die natürlichen Farben orientieren sich an Feld, Wald und Wiese.

Modernes Design

Der Landhausstil hat sich aus einer jahrhundertealten Tradition ländlicher Wohnkultur entwickelt. Die Bezeichnung kam allerdings erst auf, als sich das Leben längst nicht mehr an den Gewohnheiten, Arbeitsbedingungen und Notwendigkeiten des bäuerlichen Lebens orientierte. So sind die Facetten des Landhausstils, wie wir sie heute kennen, das Ergebnis eines längeren Anpassungsprozesses. Die gesellschaftlichen Entwicklungen, allen voran die Industrialisierung, die zu einer Trennung von Lebens- und Arbeitsraum geführt hat, haben zu einer Veränderung der Anforderungen an private Wohnräume geführt. Die Landhäuser haben sich über Generationen immer wieder den sich entwickelnden Bedürfnissen ihrer Bewohner angepaßt.

Umgekehrt hat die Stadtbevölkerung durch die zunehmende Entfremdung von der Natur eine gewisse Sehnsucht nach ländlicher Lebensart entwickelt. Sie ist es, die das Landhaus in die Stadt geholt und zu einer Renaissance ländlicher Wohnkultur beigetragen hat. Auf diese Weise ist ein flexibler Stil entstanden, der sich auch in Zukunft den Bedürfnissen der Menschen anpassen wird.

Der rasche Wandel von der Industrie- zur Informationsgesellschaft hat veränderte Lebens- und Arbeitsbedingungen zur Folge. Ein zentrales Thema ist die Auslagerung von Arbeitsplätzen, die inzwischen bereits von zahlreichen Firmen praktiziert wird. Das Büro zu Hause ist längst keine

Seltenheit mehr. In gewisser Weise schließt sich hier der Kreis: Leben und Arbeiten finden wieder unter einem Dach statt. Das Landhaus ist ein idealer Ort, um diese neue Lebensform umzusetzen. Und wieder paßt sich der Einrichtungsstil den Erfordernissen an, denn entsprechend der Wohninhalte ändern sich sein Ausdruck, seine Materialien und gestalterischen Ansätze.

Der durchschnittliche Platzbedarf in Wohnungen und Häusern wächst laut Statistik am schnellsten in bezug auf den Arbeitsplatz zu Hause. Häufig entstehen sogenannte Wohnbüros, die über ISDN-Leitungen mit Firmen vernetzt sind. Für diese externen Arbeitsplätze, die hunderte von Kilometern vom Hauptsitz entfernt liegen können, gelten andere Gestaltungsansätze als für die rein privat beziehungsweise familiär genutzten Wohnräume. Innerhalb der Wohnung nehmen sie eine Zwitterstellung ein und müssen sehr unterschiedlichen Anforderungen gerecht werden.

Der wesentliche Gestaltungsansatz ist, eine ästhetische Brücke zwischen Wohnen und Arbeiten zu schlagen. Zum Arbeiten, das wissen wir alle zur Genüge, benötigen wir ein anderes Umfeld als zum traditionellen Wohnen. Das beginnt bei den ergonomischen Voraussetzungen wie Lichteinfall am Arbeitsplatz, Schreibtischhöhe und Bestuhlung und endet bei rein funktionalen Erwägungen wie Größe der Ablage- und Regalflächen, Schall- und Sichtschutz, Einbau einer Klimaanlage usw. Nur selten lassen sich in einer Wohnung perfekte, also funktionale Arbeitsbedingungen schaffen. Hierunter leidet zumeist die

Oben: Ein Bad mit Ambiente und Komfort: Der moderne Whirlpool hat sogar Internetanschluß.
Seite 82–83: Eine gelungene Kombination von Schlaf- und Arbeitszimmer

Inmitten von Bäumen steht ein Landhaus der Zukunft. Um den Tisch sind Freischwinger nach dem Design von Marcel Breuer gruppiert.

SHELL

Wohnatmosphäre, vor allem dann, wenn es die Raumverhältnisse nicht gestatten, den Wohn- vom Arbeitsbereich zu trennen. Der Funktionalität und Strenge steht der Wunsch nach Muße und Entspannung entgegen.

Bei Ein- oder Zweipersonenhaushalten findet man leichter eine Lösung, sobald aber Kinder im Spiel sind, muß man über Möbelsysteme nachdenken, die den Arbeitsbereich schützen – auch wenn diese nicht unbedingt die attraktivste Einrichtungsvariante darstellen. Viele Singles oder kinderlose Paare realisieren die räumliche Einheit von Wohnen und Arbeiten als eine Art Gesamtsystem. Das Wohnen gewinnt dadurch an sachlicher Atmosphäre, verliert aber im Gegenzug an Gemütlichkeit. Es gilt Komfort und Design zu vereinen und trotz des scheinbaren Widerspruchs ein angenehmes Wohnklima zu erzeugen.

Das moderne Design enthält viele Elemente des puristischen Ambientes. Nicht die Farbwelt, aber die klassisch schlichten, designorientierten Formen finden wir hier wieder. So erinnern die Arbeitsplatten an Refektoriumstische, wie sie auch im puristischen Stil eingesetzt werden können. Verschiedene Materialien kommen zum Einsatz, dabei ist die Mischung entscheidend. Überhaupt ist der Materialmix eines der führenden Themen dieser Interieurs. Verwendung finden ebenso natürliche wie industrielle Stoffe. Grünliches Industrieglas kann zum Beispiel als Schreibtischfront oder Schranktür dienen, Chrom und Holz schaffen Rahmen oder Untergestelle, Stein und Stahl sind in vielen baulichen Konstruktionen vorgesehen. Textilien hingegen kommen nur sehr zurückhaltend zum Einsatz. Die Fenster haben häufig keine Vorhänge, auch Kissen und Decken sind eher selten zu finden. Die Wände sind nackt und in der Regel hell gestrichen oder einfach nur verputzt. Wer trotzdem nicht auf die Wärme von Stoffen verzichten möchte, sollte sich auf den Bodenbelag konzentrieren. Ein feiner kurzer Veloursteppich in den entsprechenden Farben und gegebenenfalls Mustern paßt ausgezeichnet zum modernen Design.

Ausschlaggebend für diese Stilrichtung ist – wie der Name schon sagt – das Design. Und zwar in erster Linie das Möbeldesign. Es dürfen ruhig zeitlose Klassiker sein. Nachbauten so berühmter Sitzmöbel wie Le Corbusiers Chaiselongue von 1928 oder Marcel Breuers Sessel von 1930, der auch „Wassily" genannt wird, da Breuer ihn ursprünglich für Wassily Kandinsky entworfen hatte,

Oben: Organisch geformte Designermöbel aus modernen Kunststoffen
Links: Vor dem Patchwork-Kunstwerk steht eine Liege von Le Corbusier.

gehören unbedingt dazu. Viele der Designklassiker werden heutzutage von den Möbelherstellern wieder ins Programm genommen und erfreuen sich großer Beliebtheit. Aber natürlich ist auch das Design der letzten Jahre gefragt. Philippe Starck ist wohl der bekannteste zeitgenössische Designer, aber es gibt viele, deren Möbel verbreitet, deren Namen aber nur Insidern bekannt sind. Anders ist es mit Firmen, die gute Designer für sich arbeiten lassen. Sie funktionieren als Marken und sind über Werbung und Marktpräsenz der Allgemeinheit ein Begriff. Allessi und Rosenthal zum Beispiel stehen für gutes Design und sind inzwischen aus den Regalen der Warenhäuser und Fachgeschäfte nicht mehr wegzudenken.

Ein Wohnambiente des modernen Designs können Sie problemlos umsetzen, denn gute Geschäfte arbeiten selbstverständlich mit Firmen zusammen, die anspruchsvolles Design realisieren. Auch wenn uns diese Wohnwelt auf den ersten Blick ein wenig virtuell erscheint, so lädt sie dennoch zum Wohlfühlen ein. Die bewußt funktionale Strenge setzt sich aus Formen voller Harmonie und Ausgewogenheit zusammen. Klare Eleganz, verbunden mit technischer Raffinesse, materialgerechten Oberflächen, technoiden Farben und Strukturen hat durchaus ihren Reiz. Insbesondere Menschen, die gestalterische Ordnungsprinzipien schätzen, werden sich hier wohlfühlen, denn nicht jeder braucht eine Kuschelecke mit Samtkissen, um sich zu entspannen. Man muß auch nicht unbedingt jung und ein Computerfreak sein, um sich in der modernen Designwelt heimisch zu fühlen. Für welche Welt des Wohlfühlens man sich entscheidet, hängt von der jeweiligen Situation ab – von der Lage und dem Zuschnitt der Wohnung oder des Hauses, vom Beruf und den Familienverhältnissen und nicht zuletzt von den Interessen und dem Temperament jedes einzelnen.

Beim Einrichten im modernen Landhausstil ist natürlich auch Einfühlungsvermögen und Freude am innovativen Gestalten gefragt. Spannend wird es bei der Kombination designorientierter, klassischer Möbel mit hochtechnisierten Arbeitsinstrumenten. Wie paßt ein Freischwinger aus den 20er Jahren zu einem i-Mac der heutigen Generation? Sie werden sich wundern, er paßt hervorragend. In solchen Kombinationen entsteht ein Spannungsverhältnis, daß einem Raum eine außergewöhnliche, sehr individuelle Atmosphäre verleiht. Ebenso können Sie einen einfachen glatten Naturholztisch, ein typisches Landhausmöbel, mit einer kühlen, modernen Designerlampe schmücken. Einem schlicht weißen Designerbad mit technischen Finessen gibt erst der afrikanische Holzschemel das gewisse Etwas.

Oben und unten: Der moderne Wohnstil verlangt nach neuen Utensilien: Küchenhelfer aus Chrom und farbigem Kunststoff.

Klare Formensprache und bescheidener Materialmix vermitteln Ordnung und Ruhe.

Accessoires werden in dieser Wohnwelt grundsätzlich nur reduziert eingesetzt – sehr gut eignet sich zeitgenössische Kunst, ganz gleich ob Gemälde, Relief oder Skulptur. Moderne Stehlampen, formschöne Vasen oder einfache Schüsseln setzen einen persönlichen Akzent. Seien Sie auch hier eher zurückhaltend, die Kunst besteht im Weglassen.

Die Farbpalette dieser Interieurs folgt einer technisch orientierten Gestaltungslinie. Sie sind vorrangig auf helles Holz, Metall, Glas und hochwertige Kunststoffe abgestimmt. Stahlgrau-, Blauviolett-, Titanschwarz-, Myrtengrün-, Blaßgrün- und Grauweiß-Töne bilden das Farbgerüst. Sie sind auf die Kombinationsfähigkeit der Farben untereinander sowie mit den oben erwähnten Materialien angelegt.

Kühle Farbtöne prägen das moderne Design.

Skandinavischer Stil

Wenn wir an Skandinavien denken, haben wir das klare Licht des Nordens, die Schärenküste Norwegens und die von steilen Felsen umgebenen Fjorde, die endlosen Strände und Dünenlandschaften Dänemarks sowie die großen Seen und Wälder Schwedens vor Augen. Aber wir denken auch an weitläufige Ebenen mit flachem Gehölz, in denen verstreut einfache Holzhäuser liegen. Sie ähneln in vielen Punkten den kleinen Farmhäusern nordamerikanischer Siedler, die mal rot, mal blau oder gelb gestrichen sind. Ihre Bauweise ist immer schlicht und schnörkellos. Oft befindet sich vor diesen Landhäusern eine großzügige Veranda. Schon von außen wirken sie einladend und gemütlich, insbesondere an kalten Winterabenden, wenn die Kamine rauchen und das warme gelblich-orange Licht durch die Fenster dringt.

Der skandinavische Landhausstil ist unkonventionell, leicht, spielerisch und sehr vielseitig. Einerseits erscheint er modern und zeitgemäß, denn skandinavische Designer lieben die klaren Formen, andererseits enthält er aber auch viele historische Stilelemente zum Beispiel des französischen Rokoko und des Klassizismus. Natürlich finden wir ähnliche Landhaustypen auch im Norden Deutschlands oder in den Niederlanden. Aber die besondere Naturstimmung und die außergewöhnlichen Lichtverhältnisse verleihen diesem nordischen Stil seine besondere

Note. Außergewöhnlich für die Einrichtung von Landhäusern sind außerdem die herrschaftlichen und bürgerlichen Einflüsse, die mit der besonderen Situation der skandinavischen Landbevölkerung zusammenhängen. Ganz anders als die Bauern im Süden Europas, die oft sehr arm waren, kamen die skandinavischen Bauern insbesondere im 19. Jahrhundert durch die Schätze der Natur – Eisen, Kupfer, Holz und Flachs – zu einigem Wohlstand. Deshalb waren sie in der Lage, ihre Häuser – von der Architektur und Inneneinrichtung bis zur Dekoration – aufwendiger zu gestalten und auf diese Weise den Herrenhäusern in der Provinz etwas entgegenzusetzen.

Im 18. Jahrhundert hatte das Interesse des schwedischen Königs Gustav III. an Italien der Einrichtungsmode einen neuen Impuls gegeben. Der Neo-Klassizismus erhielt Einzug in die Paläste des Nordens. Kachelöfen wurden zum Beispiel in Form klassischer Säulen gebaut, an Decken und Wänden wurden Schmuckprofile eingesetzt und die Gobelins aus der französischen Tradition wichen den Wandmalereien, die sich an italienischen Fresken orientierten. Die gemalten Dekorationen in Form von Wandbildern, Friesen und Bordüren erfreuten sich bald großer Beliebtheit. Auch die Illusionsmalerei mit ihren Trompe-l'œil-Bildern wurde umgesetzt. Wände bekamen einen Marmoranstrich, Fußbodendielen aus Fichte wurden in Eichenparkett verwandelt und Türen und Vorhangdrape-

Oben: Sanfte Farbnuancen bestimmen das Eßzimmer.
Seite 92–93: Der skandinavische Stil ist ebenso dekorativ wie schlicht.

rien aufgemalt, und so manch einer mag vergeblich auf eine Tür zugelaufen sein.

Die Dekorationsmalerei verbreitete sich auch in den ländlichen Gegenden. Wandernde Künstler zogen herum und versahen Decken und Wände, Schränke und Truhen teils mit christlichen, teils mit weltlichen Motiven. Auch in bezug auf das Mobiliar orientierten sich die wohlhabenderen Bauern an den eher aristokratischen Moden.

Tische, Stühle und Sofas nach klassizistischen Vorbildern hielten Einzug in das skandinavische Landhaus. Goldgerahmte Porträts verzierten die Wände, und Kristall-Lüster erhellten die Räume.

Durch diese Entwicklung wirkt das Ambiente vieler dieser Landhauseinrichtungen weniger rustikal als in anderen europäischen Ländern. Doch der Einfluß aristokratischer Wohnformen vermochte nicht das ursprünglich ländliche Interieur

Blaue Streifen und Muster geben den Möbeln ein frisches Aussehen.

Seite 96–97: Hell gestrichene Holzmöbel, Kristall-Leuchter und Teppichboden vermitteln ein Gefühl behaglicher Großzügigkeit.

gänzlich zu verdrängen. Es entstand vielmehr eine interessante Mischform, die von den Kontrasten lebt. Der einfache dreibeinige Holzschemel ist ebenso zu finden wie das kunstvoll gearbeitete Rokokosofa.

Bis heute hat sich im skandinavischen Einrichtungsstil eine Vorliebe für antiquarische Möbel und Accessoires erhalten. Vermischt mit der Sehnsucht nach ländlicher Volkskultur und Idylle, die auf die Industrialisierung im 19. Jahrhundert zurückzuführen ist, hat sich hoch im Norden ein ganz eigener Stil entwickelt. Helle Farbtöne bestimmen das Bild. So sind die Hölzer, wenn sie nicht farbig gebeizt oder gestrichen sind, immer hell. Traditionell werden vorwiegend Nadelhölzer verwendet, bei älteren Stücken aber auch Birnen- und Birkenholz. Die Möbel sind, so wie die gesamte Einrichtung, leicht, hell und freundlich. Im Gegensatz zum natürlichen Stil finden wir hier kaum rustikale Elemente. Schränke und Stühle sind fein gearbeitet und wirken niemals klobig.

Angesichts der langen, lichtarmen Winter und der wenigen heißen Sommertage ist es verständlich, daß eine freundliche, lichte Atmosphäre angestrebt wird. Mit einfachen Mitteln wird die Wohnungseinrichtung lebhaft gestaltet. Die wunderbaren Hell-Dunkel-Kontraste, die durch die typischen Blau-, Rot-, Gelb- und Grüntöne in Verbindung mit den hellen Wänden und Möbeln entstehen, schaffen eine klare, frische Atmosphäre. Ein typisches Element des skandinavischen Landhausstils sind hell gestrichene Holzwände und -decken, Türen, Fenster und Balken. Nur selten sind sie naturbelassen. Wenn die Häuser älter sind, scheinen durch die neue Farbe die verschiedenen Malschichten der vergangenen Jahre hindurch. Gerade exponierte Stellen wie Ecken und

Oben: Decken Sie auch mal im Freien, Ihre Gäste werden es genießen.
Links: Die Gläser reflektieren die kräftigen Farben dieses Tischensembles.

Charme und Wärme eines offenen Kamins sind unübertroffen.

Kanten sowie Fugen- und Leimrisse gestatten einen archäologischen Blick in die Vergangenheit. Beim Einrichten kann man die historische Patina phantastisch als gestalterisches Element nutzen. Insbesondere bei Küchenmöbeln wird das gerne praktiziert.

Das Saubere, Glatte und Makellose ist nicht immer das Schönere – ist unser ästhetisches Empfinden doch nicht ausschließlich auf maximale optische Reinheitsdarstellung konditioniert. Oft schätzen wir genau das Gegenteil, denn auch die Natur ist keineswegs makellos und perfekt. Wir lieben es, wenn Flächen und Farben, ganz gleich ob bei Hölzern oder Stoffen, eine natürliche, also ungleichmäßige Struktur aufweisen. Körnungen und Maserungen sollen zu erkennen sein, ein grober Pinselstrich hat im Landhausambiente viel mehr Charme als eine Schleiflackoberfläche. Bei gewebten Wollstoffen zum Beispiel sollte man Kette und Schuss erkennen können.

Im klassischen skandinavischen Landhaus besteht der Boden in der Regel aus Holzdielen, die hell gestrichen und mit Teppichen belegt werden. Da ein solcher Boden aber nur schwer zu pflegen ist, werden häufig versiegelte Böden verlegt. In diese nordische Welt der klaren Töne läßt sich aber auch wunderbar Teppichboden einfügen. Komfortabel und strapazierfähig, ist ein solcher qualitätvoller Boden gut für den Wohnraum geeignet. Im Schlafbereich, insbesondere wenn das Zimmer mit klassizistischen Elementen bestückt ist, unterstützt ein sanfter, feiner Velours-Teppichboden die noble zurückhaltende Atmosphäre perfekt. So schaffen Sie eine Unterlage, auf der Sie problemlos barfuß laufen und auch kleine Kinder gefahrlos spielen können, selbst wenn sie mal aus dem Tritt oder Krabbelgang geraten.

Ein echter skandinavischer Kachelofen ist das Prunkstück einer solchen Wohnung. Es gibt sie in vielen Formen und Höhen. Der hier abgebildete hat die klassische Säulenform. Das schlichte Keramikweiß des Ofenkorpus hebt sich edel von den goldglänzenden Messingklappen ab. Wenn ein solcher Kachelofen seine volle Heizwirkung entfaltet, durchströmt eine angenehme, wohnliche Wärme das Zimmer.

Auf geschmackvolle Weise ist der skandinavische Landhausstil bürgerlich und komfortabel. Dabei erscheint er nahezu zeitlos. Betritt man ein solches Haus, fällt es oft schwer, das genaue Alter der Einrichtungsgegenstände und seiner Bewohner zu schätzen. Das Ambiente strahlt eine gediegene Vornehmheit aus: Hier kommen das alte Tafelsilber, Biedermeier-Porträts und Kupferstiche aus dem 19. Jahrhundert gut zur Geltung. Porzellan, Vasen und Schalen sind elegant und schlicht. Der Stilmix ist nicht nur erlaubt, sondern durchaus gewünscht, hat er doch in der Geschichte der nordischen Einrichtungswelt seinen festen Platz.

Für die Haus- und Tischwäsche bieten sich einfache

Ein echter Kachelofen ist das Prachtstück einer Wohnung im skandinavischen Stil.

Folkloremuster an, die wie vom Model handwerklich gedruckt aussehen. Auch Karos und Streifen können die zumeist recht groben dickfädig gewebten Baumwoll- und Halbleinen-Stoffe zieren. Die Muster sind in der Regel kleinformatig, denn großflächige abstrakte oder florale Dessins passen nicht so gut in dieses elegant-einfache Ambiente. Im Gegensatz zum puristischen oder modernen Landhausstil, die funktional-maskuline Elemente aufweisen, trägt der skandinavische unverkennbar feminine Züge. Die ganze Anmutung ist auf Weichheit und gelegentliche Transparenz angelegt, jede rustikale Note wird vermieden. Ein hoher ästhetischer Reiz geht von den vielen klaren oder gedeckte Weißnuancen dieses Stils aus. Dabei wirken die Räume niemals kalt oder monoton. Diese Einrichtungswelt ist lebendig und dabei wohltuend unaufdringlich. Eine der wichtigsten Kontrastfarben ist ein schweres, natürliches Rot, ein anderer Kontrastton ist Blau. Es kann ein rötliches Tiefblau, ein klares Hellblau, aber auch ein Türkis sein. Rein und klar sehen die Gras- und Smaragdgrün-Nuancen aus. Warmes Hell- und Indischgelb reichern diese Palette der sonst eher kühlen Farbtöne an.

Man muß nicht bis nach Dänemark oder Schweden fahren, um eine solche sympathische Landhausidylle zu erleben. Holen Sie sich doch ein Stück davon in Ihr Haus

Das typische schwedische Holzhaus: Die weißen Fenster heben sich gut vom dunkelroten Anstrich ab.

Im Schlafzimmer ist ein Velours-Teppichboden besonders angenehm.

Diese Tafel ist in den typisch skandinavischen Farben gedeckt.

oder Ihre Wohnung: Sie brauchen nur die richtigen Farben an den Wänden, Türen und Holzvertäfelungen, den passenden Tisch mit Stühlen, viele einfache Blaudruck-Stoffe, klein kariert oder gestreift, ein passendes Raffrollo, ein paar Vasen, ein, zwei Sträuße weiß und zartfarbig blühender Blumen.

Die kontrastreichen Farben beschreiben klare, frische Harmonien.

Oben links: Eine Vase mit frischen Blumen ist immer eine Bereicherung.
Unten links: Getrockneter Lavendel als mediterranes Accessoire

Oben rechts: Einfach und wirkungsvoll, ein Zierkürbis als Tischdeko
Unten rechts: Ein passendes Gedeck für die natürliche Atmosphäre

Farbe und Licht sind ausschlaggebend für die Stimmung eines Raums.

Infothek

A

Accessoire
Dekoratives Zubehör oder Beiwerk zur Ausschmückung von Räumen. In der Inneneinrichtung zum Beispiel in Form von Kissen, Vasen, Kerzenhaltern etc.

Akzentfarben
Farben, die zur Kontrastierung dienen. Sie stehen oft in starkem Helldunkel- und Farb-Kontrast zu den Grund- bzw. Hauptfarben.

Allover
Bezeichnung für eine rapportlose Musterung, die ohne Ansätze über die gesamte Fläche von Stoffen oder Teppichen verteilt ist.

Ambiente
Der Begriff kommt aus dem Italienischen. Er bezeichnet die besondere Atmosphäre, die einem Raum sein charakteristisches Gepräge verleiht.

Anmutung
Beschreibt den Zauber, Charme, Appeal oder liebenswürdigen Reiz, den Gegenstände oder ganze Interieurs auf den Menschen auszuüben vermögen.

Antron
Internationales Markenzeichen des Faserherstellers DuPont für hochwertige Polyamidfasern. Durch die Verarbeitung von Antronfasern sind die Teppichböden leicht zu pflegen und zu reinigen. Sie sind angenehm weich, aber auch robust und verfügen über permanent antistatische Eigenschaften.

Assoziation
Verknüpfung von Vorstellungen, von denen die eine die andere hervorgerufen hat. Bestimmte Farben wecken Assoziationen: Rot läßt uns an Wärme und Dynamik denken, Gelb an Sonne und Heiterkeit.

Ästhetik
Der Begriff Ästhetik bedeutet wörtlich „durch die Sinne" wahrnehmen (griech.: aisthonesthai). Kunstwerke und Designobjekte werden nach ästhetischen, erkenntnistheoretischen Normen beurteilt, so nach der Schönheit, Erhabenheit, Eleganz, Funktionalität usw.

Auslegeware
Älterer Begriff für Teppichboden von der Rolle für die Wand-zu-Wand-Verlegung.

Ausrüstung
Veredelung von Stoffen und Teppichböden durch

Beleuchtung: indirektes Licht

Beimischung spezieller chemischer Substanzen, die den Gebrauchswert des Textils erhöhen.

B

Beleuchtung
Licht ist eines der wichtigsten Gestaltungselemente. Sein Schein verändert Farben und Oberflächen und strukturiert Räume. Die Qualität des natürlichen Lichteinfalls je nach Tageszeit, die Lichtmenge, die Lichtquellen (bei Kunstlicht) und die Beleuchtungspositionen (Seiten-, Decken- oder indirektes Licht) entscheiden über die Beleuchtungsqualität.

Beschattungsstoffe
Sammelbegriff für Textilien, die als Sonnen- und Lichtschutz eingesetzt werden. Die spezielle Beschaffenheit dieser Stoffe sorgt für eine gute Luftzirkulation. Der Abfluß der gestauten Wärme garantiert ein angenehmes Klima.

Bezugsstoff
Begriff für alle textilen Bezugs- und Polstergewebe, die mit unterschiedlichen Techniken und Garnen hergestellt werden.

Blumen
Blumen, als Strauß gebunden oder als Solitärpflanzen, eignen sich hervorragend zur Dekoration. Abgestimmt auf die Farbenwelt des Raums und phantasievoll arrangiert, schaffen Blumen nicht nur hübsche Blickfänge, sondern versprühen auch einen zarten wohltuenden Duft.

Bordüre
Auch: Besatz. Sammelbegriff für den Abschluß einer Stoffbahn, z.B. in Form von Spitzen, Stickereien, Posamenten, die auf Stoffe oder an Säume und Kanten aufgenäht werden. Auf diese Weise können Textilien optisch aufgewertet werden. Mit Schablonen auf die Wand gemalte oder als Tapeten aufgeklebte Bordüren schaffen wirkungsvolle Effekte in einem Raum.

Bouclé
Begriff für Garne mit Knoten und Schlingen, kommt aus dem Französischen: „lockig", „Schlinge". Auch als Bezeichnung von Teppichen mit geschlossenen, nicht aufgeschnittenen gleichmäßigen Polschlingen üblich, z.B. Web- und Tuftingteppiche.

Bunt
Bunt steht im Gegensatz zu farbig. Bunte Farbanwendung ist immer unkontrolliert, farbig gestaltete Räume dagegen folgen einem bestimmten Farbthema, wie Pastellfarben, natürlichen oder kalten Tönen.

C

Chemiefaser
Sammelbegriff für alle künstlich hergestellten Fasern. Teppichböden, Möbel- und Vorhangstoffe aus Chemiefasern sind in der Regel strapazierfähig und pflegeleicht.

Chintz
Dichter, glatter Baumwollstoff, der sich durch geprägte Glanzeffekte auszeichnet. Die Stoffoberseite ist meist leicht gewachst und daher schmutz- und staubabweisend. Dieser Stoff wirkt ausgesprochen edel und ist sehr stabil.

Cocooning
Der Begriff wurde aus dem Englischen übernommen und bedeutet „sich einspinnen". Von der amerikanischen Trendforscherin Faith Popcorn wurde dieser Begriff mit dem wachsenden Bedürfnis der Menschen nach einem behaglichen und gemütlichen Zuhause in Verbindung gebracht.

Coordinates
Auch: Set-Idee. Bezeichnet Heim- und Haustextilienprodukte, die in Muster und Farbe aufeinander abgestimmt sind, z.B. Vorhang- und Möbelstoffe, Bett- und Tischwäsche.

D

Dekoration
Bezeichnung für die Ausschmückung eines Raumes durch die Gestaltung von Fenstern, Wänden und Boden. Die Dekoration unterliegt keinen Normen,

Coordinates: Hier sind die Textilien farblich aufeinander abgestimmt.

Dekostoffe Ton in Ton

sondern orientiert sich hauptsächlich an den Raumverhältnissen und am persönlichen Geschmack der Bewohner.

Dekostoff
Sammelbegriff für alle Vorhang- und Wandbespannungsstoffe, die zur Gestaltung, Dekoration und Ausschmückung von Räumen eingesetzt werden.

Design
Englischer Begriff für „Zeichnung", „Entwurf", „Muster". Im Bereich der Stoffherstellung wird mit diesem Begriff die Aufgabe des Gestalters bezeichnet, materialgerechte Muster zu entwerfen und diese auf die Produkte anzuwenden.

Duftöle/Duftkerzen
In Einrichtungsgeschäften, Drogerien und Parfümerien, in den unterschiedlichsten Duftrichtungen erhältlich. Sie sorgen für einen dezenten, angenehmen Geruch in den Räumen. Gute Duftöle wie z.B. Rosenöl werden im Gegensatz zu den meist synthetischen Sprays aus Natursubstanzen gewonnen.

DuPont
Erfinder des Nylons (1938). Der gleichnamige Konzern ist der weltweit größte Produzent von synthetischen Fasern.

E

Eignungsbereich
Bezeichnung für die ideale Nutzung von Teppichböden. Auf dem ETG-Siegel ist ein Benotungssystem zum Strapazierwert des Teppichbodens angegeben, das dem Verbraucher die Auswahl erleichtert.

Europäische Teppichgemeinschaft (ETG)
Bezeichnung für den Zusammenschluß führender europäischer Teppichbodenhersteller. Die Hauptaufgabe der ETG liegt in der Prüfung des Qualitätsstandards bei Bodenbelägen. Die Werte findet der Verbraucher auf dem Teppichsiegel.

Exotisches Flair
Die Wohnwelt des Exotischen basiert auf der Faszination für das Fremde, auf ornamentalem Reichtum, Farbenpracht und Bequemlichkeit. Sie ist verspielt und geheimnisvoll. Passende Dekorationselemente sind u.a. edle Stoffe, prächtige Kacheln, Gold und Silber.

F

Farbe
Farben vermitteln Eindrücke, Empfindungen und Anmutungen. Ein in Creme- und Weißtönen gestalteter Wohnraum z.B. ist vom Farbeindruck hell, von der Empfindung leicht und zart und von der Anmutung beruhigend. Jede Farbe löst eine bestimmte Empfindung oder Anmutung aus.

Farbkomposition
Farbkompositionen haben großen Einfluß auf die Einrichtungsqualität. Harmonien werden oft bevorzugt:
a) Ton-in-Ton-Harmonie: Farbreihen ähnlicher Töne werden zusammengefaßt.
b) Querschnitts-Harmonie: Kombination unterschiedlicher Töne einer Farbhöhe.
c) Schlüsselfarben-Harmonie: Komposition fast gleicher Töne unterschiedlicher Materialien.

Farbwirkung
Die Farbwirkung entspricht nicht immer der Farbwirklichkeit. So nimmt jede Farbe vor einem wechselnden Farbhintergrund eine andere Identität an, durch Überstrahlung, Kontrast, Dimensionierung etc.

Faser
Man unterscheidet zwischen natürlichen und synthetischen Fasern. Bei Teppichen werden hauptsächlich Wolle, Jute, Sisal und Kokos als Naturfasern eingesetzt; über

Fasern für Teppichboden

70% aller Teppichböden bestehen aus Polyamid-Fasern.

Faux Uni
Aus dem Französischen, bedeutet „falsches Uni". Mehrfarbige Kleinmuster, die aus der Ferne betrachtet einfarbig wirken.

Feinvelours
Bezeichnung für Velours-Tufting-Teppichböden mit hoher Poldichte und feinem, textilem Griff.

Feng Shui
Feng Shui ist die asiatische Lehre von Leben und Wohnen im Einklang mit der Natur. Wichtigstes Ziel ist, daß die positive Energie

Ambiente: Die Atmosphäre dieses Wohnraums wird bestimmt durch die großen Fenster, die hellen Farben und die gezielt eingesetzten Kontraste.

(Chi) ungehindert durch das Haus oder die Wohnung strömen kann. Es gibt inzwischen auch in Deutschland zahlreiche Feng-Shui-Berater.

Fensterdekoration
Überbegriff für Gardinen, Dekorationsstoffe, Rollos, Jalousien oder Lamellen.

Filz
Stoff aus gepreßtem oder gewalktem Tierhaar. Filze und Vliese passen gut in das puristisch geprägte Ambiente des Landhausstils.

Flor
Bezeichnung für die Oberfläche eines Möbelstoffes oder eines Veloursteppichbodens.

G

Gardine
Im Vergleich zu Dekostoffen sind Gardinen transparent und sorgen für angenehmen Lichteinfall in den Raum. Es gibt zahlreiche Herstellungs- und Musterverfahren bei Gardinen, wodurch das Angebot sehr groß ist.

Jalousie: Sie reguliert das Licht.

Gardinenzubehör
Werkzeuge, Geräte und Dekorationselemente, die der Raumausstatter zur Montage von Fensterdekorationen und zur Gestaltung benötigt.

Gemeinschaft umweltfreundlicher Teppichboden (GuT)
Bezeichnung für den Zusammenschluß europäischer Teppichhersteller, die eine umweltschonende Produktion von Bodenbelägen gewährleisten und schadstoffreie Teppiche anbieten.

Geschmackswelten
Bezeichnung für stimmige Einrichtungsmuster, die einem bestimmten Thema wie „Exotisches Flair" oder „Natürliche Atmosphäre" folgen.

Griffqualität
Oberflächen und Produkte lösen beim Anfassen unterschiedliche Empfindungen aus: Samt ist weich und warm, Glas ist glatt und kühl.

H

Haptisch
Den Tastsinn betreffend. Oberflächenstrukturen spielen bei der Inneneinrichtung eine große Rolle. So wird der spezifische Charakter eines Ambientes auch in der Berührung der Materialien erfahrbar. Die Griffqualität von Oberflächen sollte deshalb bei der Wahl bestimmter Einrichtungselemente mit berücksichtigt werden.

Harmonie
Harmonie ist eines der Schlüsselwörter für positive Empfindungen. Das Streben nach Harmonie gehört zu den Urbedürfnissen des Menschen: im persönlichen Zusammenleben und in der Form- und Farbsprache. Fast immer bedeutet Harmonie ausbalancierte Gleichseitigkeit, Gleichwertigkeit und Ähnlichkeit.

Hochflor
Bezeichnung für Veloursteppichböden mit einer Polhöhe von 10 bis 15 mm.

Hoch-Tief-Struktur
Bezeichnung für unterschiedliche Polhöhen auf einem Teppichboden. Diese Art der Musterung schafft einen dreidimensionalen Effekt.

Housse
Abnehmbarer Überzug für Stühle, Sessel und andere Polsterflächen. Mit Houssen lassen sich Sitzgelegenheiten verschönern. Alte und neue Stühle können beispielsweise problemlos miteinander kombiniert werden. Sie sind auch ein gutes Mittel, um farbenfrohe Akzente zu setzen.

Housse: Überzug für Sitzmöbel

I

Inneneinrichter
Der Inneneinrichter setzt sich mit der Ausstattung von Wohnbereichen auseinander. Zu seinem Arbeitsbereich gehören u.a. Innenausbau, Dekoration und Beleuchtung.

Intarsien
Einlegearbeiten, vor allem in Holz, aber auch in Elfenbein, Perlmutt, Metall, zur Verzierung von Möbeln und Wandverkleidungen. Die Muster werden entweder aus dem Material ausgehoben und mit anderem Material gefüllt oder, aus kleinen Stücken zusammengefügt, aufgeleimt. Auch in einem einfarbigen Bodenbelag können durch verschiedene Farben und Formen unterschiedliche Muster gestaltet werden.

Interieur
Aus dem Französischen stammender Begriff zur Bezeichnung für das Innere, die Einrichtung, die Ausstattung eines Raumes.

Interior Design
Begriff aus dem Englischen für die Gestaltung von Innenräumen.

J

Jacquard-Gewebe
Bezeichnung für durchgemusterte, gewebte Stoffe, benannt nach dem Erfinder des Jacquard-Webstuhls, dem Franzosen Joseph-Marie Jacquard.

Jalousie
Licht-, Sicht- und Sonnenschutz für Fenster und Türen. Sie bestehen in der Regel aus horizontal angeordneten Lamellen aus Holz, Aluminium oder Kunststoff. Die Vertikal-Jalousie besteht aus senkrecht herabhängenden textilen Lamellen.

Jaspé-Optik
In der Farbe changierende Optik. Jaspé-Garn ist ein aus zwei oder drei verschiedenfarbigen Fäden gesponnenes Garn.

K

Keder
Dünner textiler Wulst, der sowohl zur Verzierung von Nähten als auch zur Verstärkung von Kanten dient. Keder werden häufig von Inneneinrichtern als Dekorationselement eingesetzt.

Kelim
Gewebter Teppich oder Wandbehang, dessen Schußfäden auf beiden Seiten das gleiche Muster bilden.

Komfort
Darunter verstehen wir Behaglichkeit und Bequemlichkeit. Eine Wohnung ist dann komfortabel, wenn sie nach den aktuellen Erkenntnissen praktisch und wohnlich eingerichtet ist.

Kontrast: Hier bildet Blau einen guten Kontrast zu den weißen Wänden.

Komfort: Bequeme Sessel und eine wohnliche Atmosphäre

Komfortwert
Bei Teppichen wird dieser Wert von der Dichte und Höhe des Pols bestimmt und zusammen mit dem Strapazierwert auf dem Teppichsiegel ausgewiesen.

Komplementärfarben
Töne, die sich im Farbenkreis gegenüberstehen. Sie zeichnen sich durch Distanzierung und ästhetische Spannungsintensität aus.

Kontraste
Sehr starke Kontraste, insbesondere Farbkontraste, sind für den Innenraum oft zu hart und werden nur vorsichtig eingesetzt.

Kräuselvelours
Veloursteppichboden aus hochgedrehten, fixierten Garnen, mit ausdrucksstarker, lebendiger textiler Wirkung.

Kräuter
Getrocknete Kräuter, zu kleinen Sträußen zusammengebunden, zieren jeden gedeckten Tisch. In dekorative Schälchen gelegt, kann man sie auch als Accessoire einsetzen.

L

Landhausstil
Wohlfühlen, Wohnlichkeit und Komfort gehören zu den hervorstechenden Eigenschaften dieser Stilwelt. Sie ist zeitlos, international verbreitet und existiert in zahlreichen Ausprägungen. In diesem Buch stellen wir Ihnen sechs verschiedene vor.

Langstore
Bezeichnet eine bis zum Boden reichende Gardine, die meist mit einem Bleibandabschluß versehen ist.

Lichtechtheit
Sie gibt die Wiederstandsfähigkeit einer Färbung gegenüber Einflüssen des natürlichen, bzw. künstlichen Lichts wider und wird in Zahlen ausgedrückt, wobei 1 für die schlechteste und 8 für die beste Lichtechtheit steht.

M

Materialmix
Auch der Landhausstil lebt vom Materialmix. Dabei werden unterschiedliche Materialien zusammen verarbeitet: z.B. Metall mit Industrieglas, Kunststoff mit Holz, Samt mit Sisal oder Seide mit Filzen.

Mediterraner Charme
Der Mittelmeerstil hat südländischen Charme und ist von italienischen, spanischen und südfranzösischen Einflüssen geprägt. Die Interieurs sind überwiegend licht und heiter. Sie leben von impressionistisch anmutender Farbigkeit und Wärme.

Die natürliche Atmosphäre

Möbelstoff
Überbegriff für alle textilen Bezugs- und Polstergewebe oder -gewirke.

Modernes Design
Diese Stilrichtung nimmt sich vorzugsweise zeitgeistigen Strömungen an und ist innovativ in bezug auf Gestaltung und Material.

Moiré
Gewebe mit einer Musterung, die an Holzmaserungen oder Wasserwellen erinnert.

Musselin
Feinfädiger, leichter Stoff, der u.a. für Gardinendekorationen verwendet wird.

Mustermix
Bezeichnung für die Kombination von unterschiedlichen Mustern wie z.B. Streifen mit Blumenmotiven.

N

Naturbeläge
Bezeichnung für Bodenbeläge, die in der Nutzfläche hauptsächlich aus Naturfasern wie z.B. Wolle, Ziegenhaar, Baumwolle, Kokos o.ä. bestehen.

Natürliche Atmosphäre
Diese Wohnwelt beschreibt einen der ursprünglichsten ländlichen Einrichtungsstile. Die Farben lehnen sich an pflanzliche, Stein-, Sand- und Holztöne an.

Ornament: Kachel nach maurischer Art

Noppen
Als Noppen werden die im Grundgewebe verankerten Garnschlingen bezeichnet, durch die die Hoch-Tief-Musterung entsteht.

O

Oberflächen
Sie können den Charakter von Wohnbereichen prägen und sind ein subtiles Gestaltungsmittel. Oberflächen sollten visuell, haptisch und materialgerecht sein.

Öko-Tex-Standard
Kennzeichnung für die ökologische Unbedenklichkeit von Produkten.

Organza
Leichtes, schleierartiges Gewebe aus Natur- oder Chemiefasern. Edle Knitter sind bei diesem Stoff beabsichtigt und sehr effektvoll.

Ornament
Verzierung eines Gegenstandes, dekoratives, schmückendes Gestaltungsmittel. Die geometrischen Ornamente (z.B. Gitter, Raster) sind die ursprünglichsten, ihnen folgen florale und faunische Motive (z.B. Ranken, Blattmuster, Schlangen). Daneben gibt es auch Schmuckformen technischen Ursprungs (z.B. Räder, Rotoren).

P

Paravent
Den Wind abhaltender, gegen den Wind stehender Wandschirm. Auch spanische Wand oder Ofenschirm. Paravents werden aus Holz oder Metall gearbeitet bzw. mit Stoff oder Papier bespannt.

Patina
Altersspuren an der Oberfläche von Wänden und

Möbeln sind positive Merkmale der Echtheit und Authentizität. Ähnliche Effekte kann man auf künstliche Weise durch Anwendung von Laugen und ätzenden Stoffen herstellen. Das Patinieren ist eine wieder aufgelebte Handwerkstechnik.

Plaid
Der Begriff wurde aus dem Englischen übernommen und bedeutet „wollener Überwurf".

Pol
Auch: Gehschicht. Bezeichnet die elastische, vertikal verlaufende textile Nutzschicht bei allen Polgeweben wie Deko- und Möbelstoffe oder Teppichböden.

Polyamid
Polyamidfasern gehören zur Gruppe der Nylonfasern. Aufgrund ihrer Eigenschaften hoher Festigkeit, geringer Feuchtigkeitsaufnahme, Laugen- und Fäulnisfestigkeit gehören sie zu den am häufigsten verwendeten Teppichbodenfasern.

Raumklima: Ein Kachelofen verbreitet angenehme Wärme.

Polyester
Strapazierfähige Kunstfaser mit hoher Form- und Lichtbeständigkeit.

Potpourri
Duftende getrocknete Blumen- und Kräutergebinde, die in Einrichtungsgeschäften oder Parfümerien erhältlich sind. Potpourris riechen, selbst wenn sie mit Duftölen bestäubt sind, weniger intensiv als verdampfende Öle.

Puristisches Ambiente
Dieser Landhausstil lebt von Einfachheit und reduzierter Farbgebung. Beschränkt auf wenige helle Farbtöne ist er kontrastarm; die schlichten Formen der Möbel und Accessoires geben klare Strukturen vor.

R

Rapport
Bezeichnung für die regelmäßige Wiederholung eines Musters auf einem Stoff oder Teppich.

Raumausstatter
Handwerksberuf, zu dessen Aufgabe das Polstern von Möbeln, das Dekorieren von Räumen, das Anfertigen von Vorhangdekorationen sowie das Verlegen von Bodenbelägen gehört.

Raumklima
Das psycho-physiologische Raumklima spielt für das Wohlbefinden eine große Rolle. Wärme ausstrahlende Farbtöne und eine gute, nicht zu trockene Raumluft sind dafür Grundvoraussetzungen.

Das puristische Ambiente zeichnet sich durch Reduktion aus.

S

Samowar
Russische Teemaschine aus Kupfer oder Messing. Es handelt sich um einen Kessel, in dem Wasser zur Teezubereitung erhitzt, gespeichert und aus einem kleinen Hahn entnommen werden kann. Früher wurde das Wasser mit Holzkohle erhitzt, heute in der Regel elektrisch.

Satin
Stoff, der aufgrund der Bindungsart eine besonders glatte Oberfläche hat. Wegen seines auffallenden, edlen Glanzes wird er häufig zu Dekorationszwecken eingesetzt und zu hochwertiger Tisch- und Bettwäsche verarbeitet.

Saxony
Gehört zur Gattung der Veloursteppiche und zeichnet sich durch eine hohe Polschicht, großes Volumen und eine körnige, gepunktete Oberfläche aus, die das Einzelgarn erkennen läßt.

Schallschutz
Schwimmende Estriche dämmen die Gehgeräusche, die über Decken in benachbarte Räume übertragen werden. Textiler Bodenbelag hat im Gegensatz zu Belägen aus Holz oder Stein den Vorteil, daß seine hohe schalldämmende Wirkung für eine angenehme Raumakustik sorgt.

Oben links: Eine Etagere, die mit Obst und Gemüse dekoriert wurde.
Unten: Weiß und Graubraun passen in das puristische Ambiente.

Oben rechts: Leinenservietten eignen sich für ein klassisches Gedeck.

Kräftige Farben setzen Akzente.

Sonnenschutz durch Jalousien

Schlinge
Bezeichnung für Tufting-Teppichböden, deren Oberfläche aus nicht aufgeschnittenen Schlingen besteht.

Skandinavischer Stil
Der skandinavische Stil erfreut sich in der Palette der Landhausstile zunehmender Beliebtheit. Er ist einfach, unprätentiös und doch elegant. Die Farben sind licht, werden aber mit Rot und Blau zum Teil recht kräftig kontrastiert.

Softvelours
Begriff für voluminöse Veloursteppichböden, die weich sind und einen hohen Wohn- und Gehkomfort aufweisen.

Sonnenschutz
Bei immer größer werdenden Glasflächen in der neueren Architektur gewinnen der Sonnen- und Sichtschutz

Skandinavischer Stil

sowie die Verdunkelung einen immer höheren Stellenwert. Die wesentlichen Produkte für den Sonnenschutz sind Rollo, Vertikal- und Horizontal-Jalousie, Faltstore (auch Plissée-Vorhang) und Raffrollo.

Store
Bezeichnung für einen durchsichtigen, meist netzartigen Fenstervorhang. Man unterscheidet zwischen Langstore (bodenlang) und Halbstore (maximal bis zur Fensterbank reichender Store).

T

Tapeten
Wandbekleidung, die aus einer Papierträgerschicht besteht, die auf der Oberfläche bedruckt, beschichtet oder strukturiert ist. Man unterscheidet folgende Tapetenarten: Papier-, Vinyl-, Textil- und Spezialtapeten.

Teflon Super Protection (SP)
Fleckschutzsystem für Teppichbodenfasern der Firma DuPont. Schmutz und Flüssigkeiten gleiten dadurch vom Teppichboden leichter ab. Selbst eingetrocknete Flecken können mit Wasser leichter entfernt werden.

Temperafarbe
Traditionelle Wandfarbe für Innenräume. Wird aus anorganischen Pigmenten, einer Ölemulsion und einem Bindemittel hergestellt. Auf der Wand entsteht eine matte, kalkige Oberfläche, die sehr gut zum Landhausstil paßt.

Teppich
Textiler Boden, der entweder hand- oder maschinengefertigt wird. Teppiche und Läufer werden heute häufig im Hand-Tuftingverfahren handwerklich hergestellt (eingestickt).

Teppichboden
Überbegriff für textile Bodenbeläge in unterschiedlichen Herstellungsverfahren für die Wand-zu-Wand-Verlegung im Raum.

Teppichsiegel
Gütesiegel der Europäischen Teppichgemeinschaft (ETG).

Terrakotta
Gebrannter Ton. Die Bezeichnung kommt aus dem Lateinischen bzw. Italienischen und bedeutet „gebrannte Erde“. Terrakotta wird als Baumaterial, für Gefäße, Statuen und Fliesen verwandt. Accessoires aus diesem Material werden vorzugsweise in Mittelitalien hergestellt und eignen sich hervorragend für die Einrichtung im mediterranen Stil.

Textile Wandbekleidung
Bezeichnung für Textilien, die mit schmalen Holzleisten an den Wänden verspannt werden.

Tischdekoration
Ensemble von Tischwäsche mit dekorativen Accessoires.

Treppeneignung
Die Eignung eines textilen Bodenbelags für die Verlegung auf Treppen.

Tufting
Herstellungsverfahren aus den Vereinigten Staaten zur Produktion von Teppichböden. Tuften bedeutet

Teppich mit geometrischem Muster

maschinelles Einnähen von Polfäden in ein Trägermaterial mit Hilfe einer Vielzahl von Nadeln. Die Mechanik ist mit der einer Nähmaschine vergleichbar.

U

Überwurf
Bezeichnung für dekorative Stoffbahnen, die locker über Sessel oder Sofas gelegt werden. Insbesondere im exotischen Landhausstil erzielt man mit Überwürfen gute Effekte.

Unterboden
Bezeichnung für die Fläche, auf die ein Bodenbelag verlegt wird.

V

Velours
Französische Bezeichnung für ein Gewebe mit einer samtartigen, weichen Oberfläche. Velours-Leder erhält durch Abschleifen eine samtartige Oberfläche, Teppichböden haben eine Oberfläche aus aufgeschnittenem Polmaterial.

Verdunkelungsrollo
Zu den generellen Funktionen des Rollos zählen: die Verdunkelung (z.B. im Kinderzimmer) und die Regulierung des Lichteinfalls (z.B. diffuses Licht im Arbeitszimmer mit PC-Bildschirm).

Vliesstoff
Faserverbundstoff, der durch Verfestigung von Faservliesen nach unterschiedlichen Verfahren hergestellt wird.

Voile
Französischer Begriff für Schleier. Bezeichnet ein feinfädiges, leinwandbindiges, festes Gewebe, das gern als Material für Gardinen eingesetzt wird.

Vorhang
Fensterdekoration, die als Sonnen- und Lichtschutz dient und aus Gardinen- oder Dekorationsstoff gefertigt wird. Der Vorhangstoff als Fensterkleid schmückt Fenster und Raum. Eine breite Palette von Geweben, Besatz- und Schmuckartikeln trägt dazu bei, die Wohnung zu einem Refugium des Wohlbefindens zu machen.

W

Weben
Weben ist eines der ältesten Verfahren zur Herstellung von Textilien wie Leinen, Tuch und Teppich. Zwei Fäden, Kette und Schuß, werden dabei im Winkel von 90 Grad miteinander verkreuzt.

Wengé
Tropenholz aus Westafrika. Bezeichnet auch einen dunklen, schwarzbraunen Holzton.

Wohnkultur: Dieser Eßplatz besticht durch die konsequente Gestaltung.

Wischtechnik
Traditionelle Maltechnik, bei der Farbe mittels Bürste, Schwamm und Tuch mehrschichtig und gegebenenfalls mehrfarbig auf den Untergrund aufgebracht wird. Die Wischtechnik erzeugt einen ungleichmäßigen Farbauftrag, der sich besonders gut zur Herstellung des Landhaus-Charakters eignet.

Wohnkultur
Bezeichnung für eine sehr individuelle Art der gepflegten, verfeinerten Raumgestaltung und des Wohnens.

Das Buch „Landhausstile zum Wohlfühlen“ ist das Ergebnis einer einzigartigen Zusammenarbeit zwischen der Zeitschrift *zuhause wohnen*, europäischen Bodenbelaggroßhändlern, Möbelhändlern, Teppichbodenherstellern und dem Teppichboden-Faserlieferanten DuPont. Diese einzigartige Kooperation war für alle Beteiligten Herausforderung und Experiment zugleich und hat neue Wohndimensionen aufgezeigt.

Die Zeitschrift *zuhause wohnen* wird in loser Reihenfolge über die einzelnen in diesem Buch dargestellten Wohnthemen und die dazu gehörenden Produkte berichten.

Großhandelspartner

Belcolor AG Flooring
Zürcherstrasse 493
CH–9015 St. Gallen
fon: **41 (0) 71 313 21 21
fax: **41 (0) 71 313 21 51
e-mail: info@belcolor.ch
internet: www.belcolor.ch

_c_a_b_a_n_a_ Loppacher AG
CH–9101 Herisau
fon: **41 (0) 71 353 03 63
fax: **41 (0) 71 353 03 60

Dresing GmbH + Co.
Pixeler Straße 60
D–33341 Rheda-Wiedenbrück
fon: **49 (0) 5242 410 60
fax: **49 (0) 5242 494 18
e-mail: info@dresing.de
internet: www.dresing.de

HOMETREND INKU GmbH
Nikolaus-Otto-Straße 6
D–70771 Leinfelden-Echterdingen
fon: **49 (0) 711 949 23 00
fax: **49 (0) 711 949 24 36
e-mail: info@hometrend.inku.com
internet: www.inku.de

INKU AG
Inkustrasse 1–7
A–3400 Klosterneuburg
fon: **43 224 34 99 45 00
fax: **43 224 34 99 77
e-mail: info@inku.at
internet: www.inku.com

Rettberg Bodenbeläge
Am Bauhof 23
D–21218 Seevetal
fon: **49 (0) 410 55 00 10
fax: **49 (0) 410 55 00 143
e-mail: Gebr.-Rettberg@t-online.de

SAUM & VIEBAHN Textilverlag GmbH & Co.
E.-C.-Baumann-Straße 12
D–95326 Kulmbach
fon: **49 (0) 9221 800 0
fax: **49 (0) 9221 800 88
e-mail: service@saum-und-viebahn.de
internet: www.saum-und-viebahn.de

UDIREV
Zone Industrielle du Coudray
8, rue Nicolas Copernic, BP 20
F–93601 AULNAY cedex
fon: **33 (0) 1 45 91 66 03
fax: **33 (0) 1 48 65 55 03
e-mail: soldis@wanadoo.fr
internet: www.udirev.com

Möbelhäuser

Möbelcenter Biller
Eching, Deutschland

Dodenhof
Posthausen, Deutschland

Finke
Paderborn, Deutschland

Möbel Heck
Oberhausen, Deutschland

Hiendl
Passau, Deutschland

Krieger
Waltersdorf, Deutschland

Neubert
Würzburg, Deutschland

Ostermann
Witten, Deutschland

Porta Möbel
Porta Westfalica, Deutschland

Sommerlad
Wettenberg, Deutschland

Schaffrath
Mönchengladbach, Deutschland

Möbel Walther
Gründau-Lieblos, Deutschland

Möbel Lutz
Wels, Österreich

Möbel Pfister
Suhr, Schweiz

Teppichbodenhersteller

Balsan/LDP
Le Poinconnet, Frankreich

Carpets International
Bradford, Großbritannien

Durmont
Hartberg, Österreich

Forbo
Ennenda, Schweiz
Paderborn, Deutschland

Lano
Harelbeke, Belgien

Nordpfeil
Geesthacht, Deutschland

Ossflor
Oss, Niederlande

INTERMARKET
wohlfühlen . . .
MIT TEPPICHBODEN
Netscape: BODEN-FORUM.DE
http://www.boden-forum.de/aktuell/index.html
BODENBELÄGE
TEPPICH
PARKETT
LAMINAT
PVC
KORK
LINOLEUM
Wer steht schon gerne auf nacktem Beton?
Hier erfahren sie alles rund um die verschiedenen Bodenbeläge. Informieren Sie sich über Vorteile und Konstruktionen der Beläge.
Neben vielen Tipps zum gesunden Wohnen, zu Pflege und Reinigung, erwarten Sie auch Beispiele für Einrichtungen und ein Einkaufsratgeber.
Wählen Sie einfach eine Bodenbelagsart aus.
BODENFORUM.DE
HOMEPAGE
BODENBELÄGE
FORUM
AKTUELL
WER LIEFERT WAS
WIR ÜBER UNS
Das 1. europaweit vernetzte Marketingkonzept:
• 2 Kollektionsbücher mit 6 segmentierten Wohnthemen
• Das Buch zur Kollektion – »Landhausstile zum Wohlfühlen«
• Das Wohnmagazin »zuhause wohnen« – redaktionelle Begleitung der 6 Wohnthemen bis 2002
• Internet-Auftritt unter www.boden-forum.de
• DuPont Hotline 0800 - 22 200 22
WOHLFÜHLEN
MIT TEPPICHBODEN
MEDITERRAN ◆ EXOTISCH
SKANDINAVISCH ◆ MODERN
WOHLFÜHLEN
MIT TEPPICHBODEN
PURISTISCH ◆ NATÜRLICH
Landhausstile zum Wohlfühlen
wohnen
ANTRON®
FASER
ONLY BY DUPONT
VERTRAUEN IN QUALITÄT
WOHLFÜHLEN
MIT TEPPICHBODEN

Internet und Hotline

Hier finden Sie Informationen rund um das Thema „Einrichten mit Bodenbelägen“. Sie bauen, renovieren oder modernisieren und haben Fragen zur Wahl des richtigen Bodenbelags?

Rufen Sie die DuPont **Verbraucher-Hotline** an: **0800 22 200 22**
Hier beraten Sie erfahrene Mitarbeiter aus dem Bodenbelagshandwerk persönlich. Sie erhalten auch Auskunft zu Qualität, Farbe und Beschaffenheit der im Buch dargestellten Teppichböden.

Gehen Sie ins Internet: **www.boden-forum.de**
Hier finden Sie fachkundige Informationen zu allen gängigen Bodenbelagsarten von Teppichboden über Parkett bis hin zu Linoleum und Korkböden.
Außerdem gibt es im Netz:

- Farb- und Wohnberatung
- Informationen zu Pflege und Reinigung
- Verlege-Tips
- Gesundheitsberatung
- Rechtsberatung
- Entsorgungs-Tips

... und über die praktische Suchfunktion finden Sie auch den Fachhändler und Handwerker in Ihrer Nähe.

Danksagung

Wir danken all denen, die an diesem Buch vor und hinter den Kulissen mitgearbeitet haben:

In erster Linie Michaela Fischer, die uns mit profundem Rat und journalistischer Tat zur Seite stand, der Innenarchitektin Marlies Ellen Labod, die für die Studioaufbauten verantwortlich zeichnete sowie Richard Lotzmann, der das Styling übernahm. Unserer besonderer Dank gilt dem Fotografen Uwe Dahlmann für die Studioaufnahmen und dem Grafiker Nicholas Leighton, der das Layout entwikkelt hat. Nicht zu vergessen sind die Lektorinnen, die das Buch zu einem richtigen Sach- und Fachbuch machten und für einen reibungslosen Produktionsablauf sorgten: Christiane Blaß und Dr. Susanne Klinkhamels.

Danken möchten wir auch den folgenden Herstellern und Händlern für die leihweise Überlassung der Möbel, Stoffe und Accessoires, die zur Verwirklichung der sechs Einrichtungswelten beigetragen haben:

ASMUTH Leuchten, Medebach; Die Wäscherei, Hamburg; Dresing, Rheda-Wiedenbrück; Fakta, Blomberg; FOCUS EINRICHTUNGEN, München; GEORG JENSEN, Hamburg; heinr. hünicke, Lübeck; helestra Leuchten, Leppersddorf; himolla Polstermöbel, Taufkirchen/Vils; hülsta-werke, Stadtlohn; IKEA Deutschland, Hamburg; Markus GmbH, Winsen; MHZ Hachtel, Leinfelden-Echterdingen; Rasch Textil, Bramsche; Rolf Benz, Nagold; Ruf-Betten International, Rastatt; Saum & Viebahn, Kulmbach; Selva, Bozen, Italien; Schweden Stil, Schenefeld; Svea, Hamburg; Telse Kruse und Partner, Hamburg; Wohnphilosophie, Hamburg.

Bildnachweis

Alle Abbildungen, die nicht im Bildquellenverzeichnis aufgeführt sind, stammen aus dem Archiv der Autoren.

Wir danken den folgenden Fotografen und Archiven für ihre Unterstützung:

© AK Werbefotografie GmbH, Löhne: Seite 108 (oben links)

© Blöcker, Karl H., GmbH & Co., Bremen: Seite 107, 112 (unten links), 118 (oben links)

© Creative Colour, Frankfurt: Seite 109 (rechts)

© Dresing GmbH, Rheda-Wiedenbrück: Seite 118 (unten rechts)

© Jahreszeiten-Verlag / Redaktion *ZuhauseWohnen*, Hambug: Becker, Jürgen: Seite 2, 52, 54; Beckert, U.: Seite 102; Bootz, Antoine: Seite 78; Bourne, Henry: Seite 45, 51 (zweispaltige Abb.), 115 (oben rechts); Brackrock, Wulf: Seite 4 (unten links), 17, 22, 25 (oben rechts), 35 (unten), 37, 56–57, 73, 108 (unten rechts), 116 (oben rechts), Umschlagrückseite (Mitte links); Brettschneider, Jan: Seite 119 (oben); Caspersen, Gisela: Seite 23; Davies, Richard: Seite 85; Garrels, Andreas: Seite 32, 33, 113 (unten links); Gewecke, Gudrun: Seite 6, 8, 19, 50, 110–111; Ginsburg, Alan: Seite 25 (unten Mitte), 59 (oben), 99 (Mitte); Gollnek, Olaf: Seite 28, 34, 40, 46 (unten rechts), 53, 55 (oben), 58, 71 (unten), 76, 117; Heye, Hajo: Seite 4 (oben links), 39, 61, 66–67, Umschlagrückseite (oben links); Kessler, Daniel: Seite 30 (unten); Kicherer, Christoph: Seite 84, 90–91; Kowall, Wolfgang: Seite 46 (oben rechts), 106 (oben rechts und unten rechts); Kumicak, Boris: Seite 88; Moog, Marco: Seite 72; Montgomery, David: Seite 14; Mundi, Michael: Seite 87; Mundt, Helge: Seite 12; Opitz, B.: Seite 77; Orth, Heiner: Seite 44, 109 (oben links); Raben, Sven C.: Seite 4 (unten rechts), 10, 13 (oben), 29, 36, 59 (unten), 64, 79, 80, 86, 95 (unten), 98, 100, 104–105, 106 (unten links), 113 (oben rechts), 114 (unten links), Umschlagrückseite (Mitte rechts); Röhl, Christel: Seite 5 (unten), 92–93, Umschlagrückseite (unten rechts); Rothe, Sabine: Seite 4 (oben rechts), 42–43, Umschlagrückseite (oben rechts); Schwan, Götz: Seite 65, 95 (oben); Seyners, R. de: Seite 60; Smitt, Ingallil: Seite 118 (oben rechts); Stange, Petra: Seite 47; Stehling, Wolfram: Seite 13 (unten), 70; Wentorf, Eckard: Seite 99 (unten); Werle, Joachim: Seite 25 (oben links); Zimmermann, Gaby: Seite 11, 16, 20, 46 (oben links), 89 (oben und unten), 96–97, 114 (oben rechts), 116 (oben links), 116 (unten); Seite 51 (Einklinker).

Die Deutsche Bibliothek – CIP-Einheitsaufnahme

Landhausstile zum Wohlfühlen / Axel Venn; Herbert Schmitmeier. – Köln: DuMont, 2000

ISBN 3-7701-5542-4

Redaktion und Projektmanagement:

Christiane Blaß, Dr. Susanne Klinkhamels, Köln

Design: L&K Integrated, Nicholas Leighton, Köln

Produktion: Peter Dreesen, Marcus Muraro, Köln

Lithografie: Litho Köcher, Köln

Druck: Neue Stalling, Oldenburg

Printed in Germany

ISBN 3-7701-5542-4